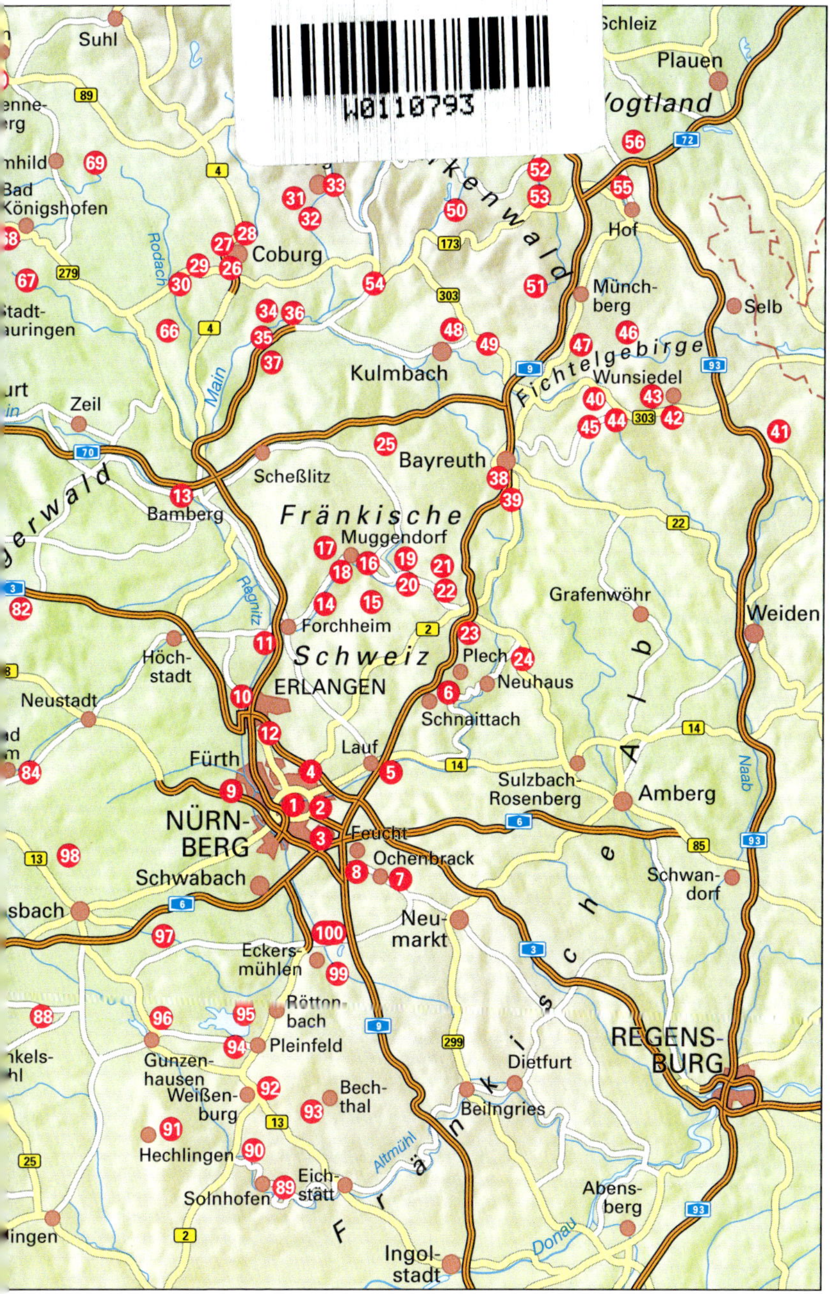

Suhl
Schleiz
Plauen
Vogtland
Bad Königshofen
Coburg
Rodach
Hof
Münchberg
Selb
Fichtelgebirge
Wunsiedel
Kulmbach
Main
Zeil
Bayreuth
Scheßlitz
Bamberg
Fränkische
Muggendorf
Schweiz
Regnitz
Forchheim
Plech
Neuhaus
Grafenwöhr
Weiden
Höchstadt
ERLANGEN
Schnaittach
Neustadt
Lauf
Fürth
Sulzbach-Rosenberg
Amberg
Naab
NÜRNBERG
Feucht
Ochenbrack
Schwabach
Schwandorf
Neumarkt
Eckersmühlen
Röttenbach
Pleinfeld
Gunzenhausen
Weißenburg
Bechthal
Hechlingen
Solnhofen
Eichstätt
Altmühl
Dietfurt
Beilngries
REGENSBURG
Abensberg
Donau
Ingolstadt
Fränkische Alb

Der Autor:
Klaus Gasseleder, geb in Schweinfurt, studierte Germanistik und Geschichte. Freier Autor und Journalist. Verfasser von Erzählungen, Reiseberichten, Rundfunk-Features, Mundartbüchern, Radwanderführern.

Auf jedem Fall freuen wir uns über Korrekturen, Anregungen und Verbesserungen zu diesem Freizeitführer. Bitte senden Sie diese an: STÖPPEL FreizeitMedien GmbH, Mandichostr. 18, 86504 Merching.

Bildnachweis:
oberes Umschlagbild: Freizeitland Geiselwind, S. 55 Coburger Puppenmuseum, S. 71 Korbmuseum Michelau, S. 75 Urwelt-Museum Oberfranken, S. 79 Luisenburg, Wunsiedel, alle anderen Fotos vom Autor.

Bibliografische Information der Deutschen Bibliothek
Die Deutsche Bibliothek verzeichnet diese Publikation in der Deutschen Nationalbibliografie, detaillierte bibliografische Daten sind im Internet unter http://ddb.de abrufbar.

2. aktualisierte Auflage 2003

www.stoeppel.de

Herstellung: Der Buch*macher*, Arthur Lenner, München
Karten: Computerkartographie Carrle, München
Umschlaggestaltung: Uhlig/www.coverdesign.net
Druck: EOS, St. Ottilien
Printed in Germany

ISBN 3-89987-604-0

Inhalt

Coburger Land/Obermain

Fichtelgebirge

Kulmbacher Land /Frankenwald/Bayerisches Vogtland

Rhön, Grabfeld, Haßberge

Würzburg, Spessart, Untermain

Steigerwald, Romantische Straße

Altmühltal, Fränkisches Seenland

Einleitung

Franken umfaßt vor allem die bayerischen Regierungsbezirke Unterfranken, Mittelfranken und Oberfranken, ein Gebiet fast von der Größe eines Landes wie Belgien. Wenn man die Sprache und Geschichte betrachtet, ragt Franken auch noch ein wenig in die benachbarten Bundesländer Baden-Württemberg, Hessen und Thüringen hinein. Wenn auch die fränkischen Regionen mit ihrer vielfältigen Landschaft als Reiseland nicht so häufig besucht werden wie etwa die Alpenländer, so gibt es doch eine ganze Reihe von Fremdenverkehrsgebiete, die sich gerade darin überbieten möchten, Familien mit Kindern den Aufenthalt so angenehm wie möglich zu machen. So findet sich auch eine Vielzahl von Möglichkeiten für Ausflüge mit Kindern, viel mehr, als in einem einzigen Buch dargestellt werden könnten. Es ist dem Verfasser oft nicht leicht gefallen, eine Auswahl zu treffen.

Da alle Regionen Frankens einbezogen werden sollten, finden sich in touristisch weniger erschlossenen Gebieten auch Ausflugsziele, die auf den ersten Blick nicht so interessant erscheinen mögen wie manche Ziele in den Touristenzentren, die wegen der Vielzahl konkurrierender Ziele dort keine Aufnahme finden konnten. Ein weiteres Kriterium für die Aufnahme war, daß eine Vielfalt von Freizeitmöglichkeiten aufgezeigt werden sollte, eine bunte Mischung aus sportlicher Betätigung und Museumsbesuch, von Wanderungen, Radtouren, den Besuch von Zoos usw., also Freizeitmöglichkeiten sowohl für kleinere und größere Kinder mit ihren verschiedensten Bedürfnissen. Das Alter ist nicht nach Jahren begrenzt. Irgendwann werden Kinder es ohnehin weniger schätzen, Ausflüge mit den Eltern zu „kindgerechten" Zielen zu unternehmen und ihre Freizeit lieber am Ort selbst mit Freunden gestalten wollen.

Wie erreichen wir die Ziele?

Am besten natürlich und am schonendsten für die Natur mit der Bahn. Das ist etwa im Gebiet des Verkehrsverbundes Nürnberg noch relativ gut möglich. Doch ansonsten sind leider viele Bahnlinien eingestellt worden, oder die Züge verkehren nicht am Wochenende, wo die meisten Ausflüge stattfinden und die meisten Einrichtungen geöffnet haben. Dies gilt noch viel mehr für die Busverbindungen, die anscheinend vielerorts nur noch für den Transport von Schulkindern aufrechterhalten werden.

In vielen Fällen sind die Freizeiteinrichtungen auch bereits so auf die Autofahrer zugeschnitten, daß vom nächstliegenden Bahnhof oder der nächsten Bushaltestelle ein Anmarsch von mehreren Kilometern zum Ziel der Wünsche erforderlich ist. Dennoch haben wir auch hier die nächstgelegenen Haltestellen angegeben. Es soll auch Kinder geben, die ohne zu quengeln, noch bereit sind, ein paar Kilometer zu Fuß zu gehen, wenn sie ein lockendes Ziel vor Augen oder einfach Spaß am Wandern mit der Familie haben.

Jahreszeiten

Die meisten Ziele sind für die Sommerzeit vorgesehen, wobei natürlich besonders bei Wanderungen schöne Frühlings- und Herbsttage genauso genutzt werden können. Viele Freizeiteinrichtungen haben nur im Sommer geöffnet oder verlängerte Öffnungszeiten. Franken ist kein Wintersportland. Nur im Fichtelgebirge, im Frankenwald und in der Rhön ist über mehrere Wochen im Jahr Wintersport möglich. Ein paar wenige Einrichtungen aus diesen Regionen wurden als Beispiele mit aufgeführt.

Wanderungen

Franken ist ein Hügelland, an einigen Stellen auch Mittelgebirgsregion, also ideales Wanderland, und Wanderungen lassen sich nahezu überall machen, wie auch überall genügend Möglichkeiten zum Einkehren bestehen. So haben wir uns bei der Beschreibung bestimmter Wanderungen ein wenig zurückgehalten. Wichtiger als die Streckenführung ist beim Wandern mit Kindern sowieso die Haltung der Erwachsenen, die entscheidet, ob die Kinder Freude am Gehen und Entdecken haben oder mürrisch neben- und hinterhertrotten. Eine Herbstwanderung mit Pilzsuche kann für manche Kinder ein größeres Erlebnis darstellen als das Begehen eines Lehrpfades oder eines vom Parkplatz aus markierten Rundwanderweges. Lehrpfade mit langen Beschreibungen erinnern nicht nur Kinder an Schule. Kann aber ein Erwachsener mit wenigen Worten auf Naturschönheiten und Besonderheiten hinweisen, wird der Weg den Kindern eher zum Erlebnis, und das Lernen erfolgt ganz nebenbei.

Radfahren

Radtouren sind ebenso wie das Wandern in den hügeligen fränkischen Gegenden meist auch mit Kindern gut möglich. Lediglich in den Mittelgebirgen und an den Steilanstiegen auf die Jura-Hoch-

In etlichen Regionen Frankens finden sich imposante Felsformationen - lohnendes Ziel für Kinder, die Abenteuer suchen (Tour 7)

flächen kann es mal weniger gemütlich werden. Andererseits gibt es genügend bequeme Radwege an Flüssen entlang, um Seen herum und auf den Trassen aufgelassener Bahnlinien. Die Stöppel-Radwanderführer „Mainfranken", „Nürnberg" und „Altmühltal" zeigen eine große Auswahl solcher Touren. In unserem Freizeitbuch für Kinder haben wir nur wenige Radwander-Routen aufgenommen, die zum einen ohne größere Steigungen sind, zum anderen nicht auf Autostraßen verlaufen und die von Bahnhöfen aus zu anderen genannten Zielen führen.

Museumsbesuche

Allein mit der Aufzählung der größeren und kleineren fränkischen Museen ließe sich ein Band füllen. Die Auswahl und Beschränkung auf einige für Kinder besonders attraktive ist uns nicht leicht gefallen. Ob Kinder an einem Museumsbesuch Freude haben, liegt auch oft an den Erwachsenen, die sie begleiten, manchmal auch an den Erfahrungen, die sie vielleicht bei Schulausflügen schon gemacht haben. Dabei wirken auch gut gemeinte Bemühungen mancher Museen eher wie ein Schuß in den Ofen. Denn was kann Kindern den Museumsbesuch mehr verleiden als das Ausfüllen von Fragebögen, das Aufsuchen und Eintragen von Zahlen und Tabellen...

Viele Museen sind zu lehrhaft gestaltet, andere bieten gar keine Erklärungen, manche aber haben sich mit dem Einsatz zeitgemäßer Medien auf die Bedürfnisse von Kindern im Medienzeitalter eingestellt. Wichtig ist, daß man nicht ein ganze Museum von vorne bis hinten, vom Keller bis zum Dach besichtigt, da wird kaum etwas hängen bleiben, sondern einzelnes auswählt, sich als Erwachsener vom Staunen der Kinder leiten läßt, und sei es bei Dingen, die man selbst für nebensächlich hält.

Freizeitparks

Kommerzielle Freizeitparks sind meist mit großem Aufwand mitten in die Natur gestellt, liegen fernab von Bahnhöfen, und für die Anlage und Parkplätze werden große natürliche Flächen „verbraucht". Dennoch wollen wir nicht an allen diesen Einrichtungen vorbeigehen. Denn man kann dort neben technischen Großgeräten oft auch kindgerechte Teile wie Streichelzoos oder auch Biotope antreffen, und mancher Besuch eines Freizeitparks mit der Familie hinterläßt bleibende Erinnerungen. Verzichtet haben wir jedoch auf rein technische wenig umweltfreundliche Einrichtungen wie Go-Kart-Bahnen usw. Vielleicht noch ein Hinweis: Wer nicht auf das Wochenende angewiesen ist, etwa weil er sich sowieso auf Urlaub befindet, sollte die Freizeitparks am Samstag und Sonntag meiden. Es erspart den Erwachsenen und Kindern Streß, wenn sie nicht stundenlang an bestimmten Attraktionen anstehen müssen.

Natur

Natur kann man eigentlich fast überall in Franken erleben, und auch die bunten Kulturlandschaften mit dem Nebeneinander von landwirtschaftlich genutzten und brachliegenden Flächen, von Feldern, Wiesen und Wäldern bieten Erholung. Natürlich können Auffälligkeiten in der Natur als Ziel eines Ausflugs besonders anziehend sein. Auf den Besuch der Höhlen in einer Region mag man nicht verzichten. Auf Felsen oder Burgruinen herumzuklettern, entlang eines Flusses zu wandern, macht mehr Spaß als eine weniger abwechslungsreiche Wanderung über die Flur. So haben wir solche Besonderheiten in den verschiedensten Formen mit einbezogen.

Selten finden Sie die Beschreibung von Naturlehrpfaden, die oft zu belehrend geraten sind und eher an Schule erinnern, als einen Naturgenuß vermitteln. Die einfache Freude an einem Schmetterling, das stille Beobachten von Rehen kann Kindern die Natur näher bringen als manche Schautafeln über Vögel, die man nicht zu Gesicht bekommt.

Noch etwas: So sehr es Bedürfnis eines Kindes sein kann, kreuz und quer über Wiesen und durch Wälder zu rennen, so wenig verträgt dies sich mit den Bedürfnissen der Tiere nach Ruhe, von Pflanzen nach Unversehrtheit und auch gelegentlich denen der Landwirte. Und: Die Natur ist kein Selbstbedienungsladen. Auch wenn es Freude macht, Blumen zu pflücken; wenn man dann aber zu bequem ist, diese auch nach Hause zu tragen und sich weiterhin daran zu erfreuen, sondern sie bald als überflüssigen Ballast wieder abwirft, wäre es besser, sie gleich stehen zu lassen. Das gleiche gilt für Pilze und Beeren.

Baden

Krönender Abschluß manchen Ausflugs an warmen Sommertagen, aber auch das Ziel des familiären Sonntagsunternehmens wird der

Besuch eines Badesees oder Schwimmbades sein. Deshalb haben wir in der Regel im Informationsteil auf die nächstgelegenen Bäder hingewiesen, auch wenn diese nicht alle extra beschrieben werden können. Die sogenannten Erlebnisbäder sind mitunter für Erwachsene anziehender als für Kinder, ein Familienausflug dorthin erfordert auch oft einen tiefen Griff in den Geldbeutel, so daß wir auch nicht alle diese wie Pilze aus dem Boden schießenden Einrichtungen mit aufgenommen haben.

Öffnungszeiten/Eintritte

Die Öffnungszeiten - besonders der kleinen Museen - ändern sich von Jahr zu Jahr, aber auch größere Einrichtungen müssen oft angesichts knapper öffentlicher Kassen an Personal sparen und ihre Öffnungszeiten entsprechend verkürzen. Besonders wer im Winter eigens wegen eines Museumsbesuches eine Reise antritt, sollte sich vorher erkundigen, ob es an dem betreffenden Tag auch geöffnet hat. Ebenso wie die Öffnungszeiten ändern sich auch die Eintrittsgelder, so daß die angegebenen Beträge nur einen Richtwert darstellen können.

Gaststätten

Es gibt wohl wenige Regionen in Deutschland, in denen es noch so viele Gaststätten gibt, in denen man auch mittags essen kann, wie in Franken. In vielen Gegenden kann man sich fast sicher sein, daß in jedem Dorf ein Gasthaus zum Essen lädt, am Sonntag auf jeden Fall. Viele unter ihnen haben im Sommer auch einen Garten oder eine Terrasse geöffnet. Insofern haben wir auch selten auf spezielle Gasthäuser verwiesen, zumal die Eßbedürfnisse der Kinder sich doch selten mit denen der erwachsenen Gourmets decken, und oft die Entdekkung einer Imbißbude oder eines amerikanischen Fast-food-Restaurants mehr Freude bei den Kindern auslöst als der gemütliche schattige Biergarten oder das Spezialitätenrestaurant. Bei größeren Orten mit vielen Lokalen haben wir auf einen besonderen Hinweis verzichtet.

Klaus Gasseleder

Märchenstube, -museum; hier werden Märchen aufgeführt

schöner Winter-spaziergang, Rodelbahn, Wintertip

Ausflug ist auch bei schlechtem Wetter zu empfehlen

Auf der Tour gibt es Bade-möglichkeiten

Besonders reizvolle Radtour

Der Ausflug ist kinderwagen-geeignet

Interessante Technik , Technisches Museum

Freizeitpark, schöner Spiel-platz, Abenteuer

Tiere unterwegs, Zoo, Tiergehege

Ausflug mit dem Schiff, Bootstour

Schöne Wande-rung

Hier gibt's etwas anzuschauen

Museums-besuch

Eislaufen

Park, Botanischer Garten

Hier kann man einen Kindergeburtstag feiern

- km — Entfernung, Dauer der Tour
- i — Adresse mit Telefonnummern, weitere Informationen
- Öffnungszeiten des Ausflugziels
- Eintrittspreise
- Einkehrmöglichkeiten
- P — Parkplätze
- Anreise mit öffentlichen Verkehrsmitteln
- Ein schönes Frei- oder Hallenbad liegt in der Nähe

1

Nürnberg: Spielzeugmuseum

Nürnberg hat eine mehr als 600jährige Tradition der Spielzeugherstellung und vor allem des Handels mit Spielzeug. Kaufleute aus Nürnberg verkauften Spielwaren und andere Gegenstände als „Nürnberger Tand". Dazu kamen die Herstellung von Zinnfiguren und von Blechspielzeug. Heute wird die internationale Spielwarenmesse in Nürnberg abgehalten. Kein Wunder also, daß in der Stadt 1971 ein Spielzeugmuseum eingerichtet wurde.

Im Erdgeschoß findet sich in mühsamer Handarbeit gefertigtes Holzspielzeug aus dem Erzgebirge, aus Thüringen und vor allem aus Oberammergau. Im ersten Stock kann man Blicke auf die Puppen, Puppenstuben und Puppenküchen werfen, dazu kommen Kaufläden, ja sogar ein Altar zum Priesterspielen. Außerdem eine reichhaltige Sammlung von Zinnfiguren und Zinnsoldaten. Die Kinder können Brettspiele besichtigen und auch einige davon benutzen. Ferner gibt es viele alte Kinderbücher, Papierspielzeug bis zum Papierfigurentheater, Stofftiere, Schaukelpferde und Steckenpferde. Im Obergeschoß des alten Handelshauses ist Blechspielzeug untergebracht, darunter eine riesige Eisenbahnanlage, die auch in einem raffiniert gemachten Videofilm in Betrieb zu beobachten ist. Hier sieht man auch Dampfmaschinen und Fahrzeugmodelle aller Art.

Besonders bei der Ausstellung des Holzspielzeugs weisen die Tafeln auch auf die schwierigen Bedingungen hin, unter denen dieses Spielzeug in Heimarbeit und oft genug mit Hilfe von Kinderarbeit entstand.

Toureninfos

i Spielzeugmuseum, Museum Lydia Bayer, Karlstraße 13-15, 90317 Nürnberg, Tel. 09 11 / 231-31 64, Fax -54 95

Di-So 10 -17 h, Mi 10-21 h.

Erwachsene 4,00 €, Kinder 2,00 €, Familien 5,00 €. (1 Erw.) oder 8,00 € (2 Erw.)

Parkhäuser Innenstadt.

Mehrere Frei- und Hallenbäder in Nürnberg.

2

Nürnberg: Museum Industriekultur mit Schulmuseum

In diesem Museumskomplex neben der Tafelhalle finden sich einige Ausstellungen, die auch für Kinder interessant sind. Dazu gehört das Schulmuseum, das über die Schulgeschichte informiert und Relikte aus vergangenen Schultagen wie eine Tintenfaßsammlung zeigt. In einem historischen Klassenzimmer aus der Zeit der Wende zum 19. Jahrhundert können sich Kinder auf alte Schulbänke setzen und sich Schuluntensilien aus vergangen Tagen ansehen oder „historischen Unterricht" spielen.

Daneben findet sich das Modell einer Vorstadtstraße mit einer Kolonialwarenhandlung, einem Frisiersalon, einer Arbeiterwohnung und Eckkneipe, gerade so weit verkleinert, daß man die Häuser noch begehen kann.

Für etwas größere Kinder mag auch das Fahrrad- und Motorradmuseum interessant sein, in dem die Produkte der Nürnberger Zweiradindustrie seit ihrem Beginn ausgestellt sind, darunter ein Tretkurbelfahrrad oder eine Weltrekordmaschine. Auch Autos aus Nürnberger Industrie wie der legendäre Zündapp Janus von 1957 sind zu sehen.

Weitere Abteilung zeigen die Geschichte der Feuerwehr, eine Druckwerkstatt und geben einen Einblick in die Nürnberger Lebkuchenindustrie.

Toureninfos

Museum Industriekultur, Motorrad- und Schulmuseum Äußere Sulzbacher Str. 60-62, 90317 Nürnberg, Tel. 09 11 / 231-36 48, Fax -34 70.

Di-Fr 9-17 h, Sa, So 10-18 h.

Erwachsene 4,00 €, Kinder 2 €.

Vor dem Museum bzw. am Straßenrand.

Mit der Straßenbahnlinie 8, Richtung Erlenstegen. Haltestelle: Tafelwerk.

Zahlreiche Frei- und Hallenbäder in Nürnberg.

Zahlreiche Gaststätten in der Nähe und im Stadtzentrum.

3

Nürnberg: Tiergarten

Der Tiergarten ist am Berg Schmausenbuck, der höchsten Erhebung des Lorenzer Reichswaldes, inmitten einer abwechslungsreichen hügeligen und mit Sandsteinfelsen bestückten Landschaft angelegt. Das Gelände ist recht weiträumig, so daß der Besuch des Tiergartens zugleich mit einem ausgedehnten Spaziergang verbunden ist.

Zu sehen sind Exemplare nahezu aller auch Kindern bekannten Tiere wie Affen, Großkatzen, Giraffen, Bären, Raubvögel bis hin zu nahezu allen heimischen Tieren. Das Delphinarium mit Vorführungen kostet gesonderten Eintritt. In einem Streichelzoo können die Kinder Ziegen, Schafe und Esel streicheln und auch mit dem an Ort und Stelle gekauften Futter füttern. Eine Reihe von Gaststätten bietet Gewähr dafür, daß man sich auch von den längeren Wegen erholen kann.

Sommerliche Attraktion: Alte Wasserschöpfräder an der Regnitz (Tour 10)

Toureninfos

Tiergarten Nürnberg, Tel. 09 11 / 54 54-801.

April-Sept täglich 8-19.30 h, Okt-März täglich 9-17 h. Einlaß-Ende jeweils 1 Stunde vorher.

Erwachsene 6,00 €, Kinder 3,00 €, Familienkarten mit 2 Erwachsenen 14,00 €, mit einen Erwachsenen 8,00 €.

Großparkplätze am Tiergarten.

Straßenbahn Linie 3 ab Hauptbahnhof.

Mehrere Gaststätten in und vor dem Gelände.

Zahlreiche Frei- und Hallenbäder in Nürnberg.

4

Nürnberg: Turm der Sinne

In einem alten Stadtturm wird auf mehreren Stockwerken gezeigt, wie unsere Sinne, Augen, Ohren, Geruchssinn, Tastsinn getäuscht werden können, indem das Gehirn unter bestimmten Bedingungen Sinneseindrücke falsch verarbeitet. Spiralen vergrößern sich scheinbar, Flächen scheinen sich zu bewegen, Straßenzüge schwanken hin und her. Gewichte werden falsch eingeschätzt, Töne nicht richtig gehört, Geschmacksnerven lassen sich täuschen und auch der beste Basketballer wird den Korb nicht treffen, wenn er sich Richtungen falsch eingelernt hat. Kurzum: Man kann staunend dem Gehirn bei seiner Arbeit zusehen und merkt, dass man nicht immer nur seinen Sinnen vertrauen darf.
Ein ebenso interessante wie lehrreiche Ausstellung, vor allem für größere Kinder.
Die Kleinen können sich vielleicht in der Zwischenzeit auf einem Spielplatz knapp 100 m entfernt auf der Rückseite der Stadtmauer vergnügen.

Toureninfos

Turm der Sinne, Spittlertormauer 17, Nürnberg.
Tel. 09 11 / 44 16 20, Fax 09 11 / 94 43 269

Di-Fr 13-17 h, Sa, So, Fei: 11-17 h.

Erwachsene 6,00 EUR, Kinder 4,00 EUR, auch Kleingruppen ermäßigt.

in den umliegenden Straßen und Parkhäusern.

von U-Bahn-Haltestelle Plärrer, ca 200 m.

5

Lauf a. d. Pegnitz: Industrie Museum Lauf

Das Museum stellt Leben und Arbeit von der Jahrhundertwende bis in die 60er Jahre an ausgewählten Beispielen dar. Dazu gehört vor allem die Dokumentation der Stromversorgung mittels Wasserkraft, denn die Gebäude liegen direkt am Wehr.

Der Rundgang führt teils über Stege an der Pegnitz entlang. So ist die Keimzelle des Museums auch das „Engelhardtsche Wasserwerk", das bis 1973 in Betrieb als Elektrizitätswerk war. Vorführungen zur Stromerzeugung mittels Wasser finden jeweils am ersten Sonntag im Monat statt.

Gezeigt wird außerdem ein Hammerwerk, dessen Maschinen und Werkzeuge zur Eisenverarbeitung erhalten sind. Das Schmieden im Hammerwerk wird am 3. Sonntag im Monat vorgeführt. In einer wasserbetriebenen Mühle werden die Mahlvorrichtungen ebenso gezeigt wie eine Wohnstube des Müllers. Mahlvorführungen finden am 4. Sonntag im Monat statt.

Den Gewerbebereich deckt ein Frisiersalon aus den 60er Jahren ab, der für die Kinder schon ein Stück Geschichte ist. Dazu kommt eine Flaschnerei, eine Regenschirm-Werkstatt und ein Tante-Emma-Laden. Am zweiten und fünften Sonntag im Monat kann man dort einkaufen.

Als Beispiel für das kleinstädtische Wohnen kann man eine bürgerliche Wohnungseinrichtung aus den 50er Jahren mit Wohnküchen, Nierentischchen und einem großem Fernsehschrank, damals eine teuere Errungenschaft, sehen. Auch der Radiophonoschrank, verschiedene Blumenhocker und eine Resopalküche werden schon bei den Kleinen eher Gelächter hervorrufen.

Für Kinder gibt es ein museumspädagogisches Begleitprogramm. Themen auf Anfrage.

Toureninfos

Industrie Museum Lauf, Sichartstraße 5-25,
91207 Lauf a. d. P., Tel. 09 123 / 9903-0.

April-Nov Mi-So 11-17 h.

Erwachsene 2,00 €, Kinder 1,00 €, Familien 4,00 €.

Parkplatz Nürnberger Straße/Turnstraße, 80 m oberhalb des Museums.

Bahnhof Lauf links Pegnitz der Bahnlinie 870 Nürnberg - Schwandorf; Bus. 890 Nürnberg - Neukirchen; S 1 Nürnberg - Lauf.

Frei- und Hallenbad in Lauf, Röthenbach, Schwaig, Nürnberg.

6

Schnaittach: Festung Rothenberg

3 km oberhalb des Ortes Schnaittach (Abzweigung von der Umgehungsstraße) liegt die gewaltige Festungsanlage Rothenberg, einst Burg der Herren von Rothenberg, einer ehemaligen kleinen katholischen Herrschaft inmitten des damals protestantischen Nürnberger Landgebietes. Die Herrschaft fiel nach Aussterben der Rothenberger an Bayern, und nachdem die Burg 1703 im Spanischen Erbfolgekrieg geschleift wurde, ließ 1729 der bayerische Kurfürst an der Grenze zum Nürnberger Landgebiet die militärische Festung mit sechs Bastionen bauen. Das nie eroberte, aber militärisch nunmehr bedeutungslose Bauwerk wurde 1835 auf Befehl von König Ludwig I aufgelassen und verfiel, ist heute aber zum Teil renoviert und zu besichtigen.

Eine kühle Abenteuerwanderung: Schwarzachklamm bei Feucht (Tour 7)

Die Besichtigung ist nur mit Führern möglich (Gruppen ab 5 Personen). Hinter dem Festungsgraben erheben sich 17 m hohe mächtige Mauern. Durch eine Brücke gelangt man in den inneren Festungshof, wo auf großem Gelände die Reste von Festungsgebäuden, vor allem der Kasernen, stehen. Nach dem Gang über die Kasematten sind die Kinder sicherlich vor allem von der Führung durch die weitläufigen unterirdischen Gänge angetan, die nur vom fahlen Schein der Grubenlampen beleuchtet werden, zumal wenn der Führer ihnen eine Gespenstergeschichte erzählt. Eine solche ist auch in einer vom Heimatverein Schnaittach herausgegebenen und bei Führungen erhältlichen kleinen Broschüre nachzulesen.

Hinweis: Mit interessierten größeren Kindern kann man auch das „Jüdische Museum Schnaittach" im Ort Schnaittach besuchen (Info: Museumsgasse 12-16, 91220 Schnaittach, Tel 0911 / 770 577, Öff: Mi-So u. Fei 11-17 h, Nov-April: So 11-17 h).

Toureninfos

Heimatverein Schnaittach, Walter Herchenbach,
Postfach 28, 91218 Schnaittach Tel. 09 153 / 80 78.
Hotline: 171-68 89 886.

31.3-31.10, täglich außer Montag 10h-18h. Nur mit Führung in der Regel zur vollen Stunde, an Tagen mit größerem Betrieb auch halbstündlich.

Erwachsene (ab 14 J.): 2,50 €, Kinder (4-13 J.): 1,00 €.

Parkplatz etwa 500 m unterhalb der Festung, von hier aus mäßig steiler Anstieg.

DB-Linie 891.3 Nürnberg - Simmelsdorf; Bus 8934 / VGN 311 Nürnberg - Betzenstein.

Burggaststätte etwa 200 m unterhalb der Festung auf steilem Fußweg, vom Parkplatz aus auf einem 800 m langen Zufahrtsweg mit dem Auto zu erreichen.

Freibad in Schnaittach, Hallenbad, Freibad in Lauf a. d. P.

7

Wanderung durch die Schwarzachklamm nach Brückkanal

Eine der schönsten Wanderungen im Nürnberger Umland ist die durch das romantische Schwarzachtal. Ausgangspunkt ist der Parkplatz an der Schwarzachbrücke in Schwarzenbruck-Ochenbruck. Hier beginnt gleichzeitig auch ein wasserwirtschaftlicher Lehrpfad, der uns zu den Schleusen und Wassergewinnungsanlagen an der Schwarzach und am alten Ludwigskanal führt.

Wir gehen vom Parkplatz über die Brücke und wenden uns dann links, wobei wir uns immer nahe am Ufer der Schwarzach halten.

Bald verengt sich das Tal zu einer Schlucht, links des Flusses ragt ein bewaldeter Hang auf, auf unserer Seite passieren wir gleich nach dem Sportplatz die ersten Felsengebilde. Ein Gasthaus lädt bald zum Verweilen ein, danach geht der schattige Weg im Tal weiter. Immer wieder drängen Felsen und Sandsteinhöhlen an den Weg. Bei einem alten Kraftwerk im Ortsteil Gsteinach müssen wir kurzzeitig die Schlucht verlassen, erreichen sie aber nach hundert Metern wieder. Noch mehrmals stoßen wir auf Felsenhöhlen, die alle ihre eigenen Namen haben wie „Karlshöhle", „Gustav-Adolf-Höhle". Zeitweise müssen wir einen Holzsteg benutzen. Nach etwa zwei Kilometern führt der Weg dann hinauf nach Brückkanal. Etwas unterhalb der Stelle, wo der Ludwigskanal auf einer Brücke über die Schwarzach geleitet wird, empfängt ein Biergarten den Wanderer. Von hier geht übrigens ein Fußweg zur Autobahnraststätte Feucht und eine Straße zur Fahrstraße Feucht - Wendelstein.

Der kürzeste Rückweg nach Ochenbruck ist es, wenn wir wieder den gleichen Weg durch die Schlucht nehmen. Nicht viel weiter ist es aber, wenn wir auf der linken Seite des Kanals ein Stück weitergehen, dabei die Reste der alten Kanalschleusen besichtigen. Nach etwa 200 Metern können wir links in den Wald treten und auf dem Waldweg oberhalb der Schwarzach zurückgehen. Es ist auch möglich noch ein Stück am Kanal zu verbleiben, bis wir an das Fahrsträßchen gelangen, das nach Ochenbruck hinabführt.

Toureninfos

Gemeinde 90592 Schwarzenbruck, Tel. 09 128 / 99 11-0.

Parkplatz an der Brücke in Ochenbruck. Autobahnraststätte Feucht, Sportplatz in Gsteinach.

Bahnhof Ochenbruck der Linie 880 Nürnberg - Regensburg, 1 km entfernt; Bus 8941 (VGN 502) Nürnberg - Ochenbruck - Gsteinach.

Freibad in Feucht.

Mehrere Gaststätten im Schwarzachtal bei Ochenbruck, Gsteinach, in Brückkanal.

8

Feucht: Hermann-Oberth-Raumfahrt-Museum

Neben einem schloßähnlichen Gebäude, in unmittelbarer Nachbarschaft des Zeidelmuseums, hat der Raumfahrtpionier Hermann Oberth (1894-1989), der hier die letzten dreißig Jahren seines Lebens verbrachte, zusammen mit einem Museumsverein ein Raumfahrtmuseum eingerichtet. In fünf Räumen des ehemaligen Wirtschaftshofes werden zahlreiche Originaldokumente, Modelle, Text- und Bildtafeln zur Geschichte der Raumfahrt gezeigt. Man findet unter anderem einen sowjetischen Kosmonautenanzug, ein Modell des Sputniks und die dritte Stufe der Trägerrakete „Europa".

Für Gruppen gibt es ein Jugendprogramm „Erlebnis Raumfahrt" nach Voranmeldung.

Toureninfos

Hermann-Oberth-Raumfahrt-Museum, Pfinzingstraße 12-14, 90537 Feucht, Tel. 09 128 / 35 02, Fax 149 20.

Sa, So 14-17 h.

Erwachsene: 2,50 €, Kinder: 2,00 €, Gruppenprogramm 25 €.

In der Umgebung.

Bahnhof Feucht der DB-Linien 880 Nürnberg - Regensburg, 890.2 Nürnberg - Altdorf, S 2.

Freibad Feucht.

Mit dem Rad erreichbar: Der Dechsendorfer Weiher bei Erlangen

9

Erlebnispfad im Fürther Stadtwald

Im Fürther Stadtwald, gleich bei den Gebäuden der Stadtförsterei an der Straße von Fürth-Oberfürberg nach Cadolzburg, liegt ein hügeliges Waldgelände mit mancherlei Schluchten und Felsen, in dem die Stadtförsterei einen Lehrpfad und einen Erlebnispfad für Kinder eingerichtet hat. Dieser ermöglicht nicht nur ein Herumgehen und -klettern in einem abwechslungsreichen Gelände, sondern ist auch mit allerlei Einrichtungen für Kinder versehen, auch wenn diese nicht mehr alle funktionstüchtig sind.

Von einer der Sitzecken aus kann man sich auf einen Tastpfad begeben, barfuß auf einen Astpfad gehen, Bäume erraten. In einer Lauschecke gibt es ein Baumstammtelefon, ein Summstein besitzt ein Loch, in das man den Kopf legen kann. Im Spiel lernen Stadtkinder wieder sich in einem Berg- und Talgelände sicher zu bewegen.

Toureninfos

Stadtförsterei 90768 Fürth, Tel 0911 / 72 14 67 (Mo-Fr 8-12 h).

Das Waldgelände ist frei zugänglich. Führungen nach Vereinbarung.

An der Straße zwischen Fürth-Oberfürberg (Ausfahrt von der Südwesttangente) nach Cadolzburg, gleich nach der Stadtförsterei.

Buslinie 174 ab Hauptbahnhof, Richtung Waldkrankenhaus, Haltestelle Stadtförsterei.

Mehrere Gaststätten im Wald in der Nähe.

Hallen- und Freibad in Fürth.

10

Radtour: Erlangen - Dechsendorfer Weiher - Kanalschleuse - Wasserräder - Möhrendorf

Wir verlassen Erlangen vom Hauptbahnhof aus. Vor dem Bahnhof wenden wir uns nach links, fahren längs der Bahnlinie zuerst etwa 100 m auf der Straße, dann auf einem kleinen Weg nach Norden, bis wir zur „Münchener Straße" gelangen. Wir überqueren diese und kommen dann auf die stadtauswärts führende Dechsendorfer Straße. Möglich ist es auch, von der Innenstadt aus die Bayreuther Straße stadtauswärts zu fahren. Dabei überqueren wir die Schwarzach und biegen 100 m später beim Hotel Residenz links auf einen an dem Bach entlangführenden Weg ab. Bei Beginn der Straße „Weiher", wo der Radweg nach rechts nach Möhrendorf führt (unser Rückweg) biegen wir nach links über eine Brücke und gelangen auf die Dechsendorfer Straße. Ihr entlang können wir auf dem Radweg fahren. Nach etwa zwei Kilometern fahren wir auf der Brücke über den Kanal und biegen nach rechts ab. Dabei folgen wir dem Weg Heusteg - Dechsendorfer Weiher. Wir kommen am Rasthaus Heusteg vorbei und biegen dann in den Wald ab. Nach etwa 2 Kilometern sind wir am Dechsendorfer Weiher, wo Badegelegenheit und die Möglichkeit zur Einkehr bestehen.

Auf dem Rückweg folgen wir zunächst dem gleichen Weg in den Wald, biegen dann aber bei einer Abzweigung nach links dem grünen Radwegeschild „Rund um Erlangen" nach ab. Nunmehr geht es etwas länger durch den Wald an ein paar kleinen Waldseen entlang, an denen wir vielleicht Angler antreffen, bis wir an den Kanal gelangen. Auf dem Kanalweg fahren wir nach rechts bis zur Schleuse. Mit etwas Glück und Geduld können wir sehen, wie sich das riesige Schleusentor öffnet und ein Schiff ein- oder ausgeschleust wird. Leider läßt sich die Schleusenkammer selbst nicht beobachten.

Danach fahren wir über den Kanal und biegen bei dem Schild Regnitz-Radweg (grünes R) ein. Wir gelangen an das Möhrendorfer Neubaugebiet, fahren dann aber im rechten Winkel noch einmal in den Wald. Am Waldende biegen wir nach links ab, folgen weiter dem R-Wegweiser, Richtung Bamberg, und gelangen in den aus wenigen Häusern bestehenden Weiler Oberndorf. Dort gibt es nicht nur für die Erwachsenen ein Fischlokal mit Biergarten, sondern wiederum einen kleinen Badesee, den Oberndorfer Weiher.

Nach dieser Rast können wir am Rande des Ortes Möhrendorf weiterfahren oder auch den Ort mit seinen bekannten Fischlokalen durchqueren. Wir gelangen an die Regnitzbrücke. Sobald wir sie überquert haben, biegen wir nach rechts in den Radweg, Richtung Erlangen (grüner Pfeil), ein. - In den Sommermonaten sollten wir jedoch nicht gleich weiter, sondern ein paar Meter hinab zur Regnitz zu den berühmten Wasserrädern fahren. Nach einer aus Kleinasien importierten Methode wird mit diesen rund 500 Jahre alten Wasserrädern mit anmontierten Eimern Wasser aus der Regnitz in Laufrinnen geschöpft und aus diesen die Felder bewässert. Rund 480 l Wasser pro Umdrehung eines Rades können entnommen werden. Ein Wasserrad besteht aus 470 hölzernen Einzelteilen, unter anderem 24 Schaufeln. Heute existieren in diesem Abschnitt der Regnitz noch 17 Wasserräder, die jährlich mit einem Kostenaufwand von rund 3000 € ausgebaut, eingebaut und instandgehalten werden.

Nach Besichtigung der Wasserräder fahren wir an der Regnitz und der Autobahn entlang Richtung Erlangen zurück. Nach einiger Zeit müssen wir die rechts fließende Regnitz verlassen, nicht ohne noch einmal auf die Wasserräder gesehen zu haben und fahren längs der Autobahn, bis wir zu den ersten Häusern von Erlangen kommen.

Wir können nun entweder über die kleine Schwabachbrücke zur Dechsendorfer Straße und da entlang zurück zum Bahnhof fahren oder radeln weiter an der Schwabach entlang, bis wir am Hotel Residenz zur Schwabachbrücke bei der Bayreuther Straße kommen. Wir biegen nach rechts zur Innenstadt ab oder in die Jahnstraße und fahren dann über die Münchener Straße, immer am der Bahn entlang, zum Bahnhof.

Toureninfos

Fremdenverkehrsamt der Stadt Erlangen, Tel. 09 131 / 89 51-0

Reine Fahrzeit: 2 Stunden.

Jederzeit freier Zugang zu den Badeseen.

Großparkplatz hinter dem Bahnhof Erlangen.

Hauptbahnhof Erlangen der Bahnlinie Bamberg-Nürnberg.

Zahlreiche Gaststätten in Erlangen, Möhrendorf, Oberndorf, Dechsendorf-Heusteg, am Dechsendorfer Weiher.

11

Heroldsbach: Erlebnispark Schloß Thurn

Der Freizeitpark „Schloß Thurn" ist einer der größten Freizeitparks Frankens, an dem niemand, der derartige Einrichtungen schätzt, vorbeigehen kann. Er liegt inmitten des Schloßparks des ehemaligen Wasserschlosses Thurn. Es gibt zahlreiche Einrichtungen für Kinder verschiedenen Alters, aber auch für Erwachsene: Achterbahn, Wildwasserbahn, eine Westerndampfbahn, Schwebebahn, Oldtimerautos, Kindereisenbahnen oder zum Befahren des Sees Wasserbob und Tretboote.

Für kleine Kinder gibt es „Grimms Märchenland", einen Streichelzoo, für alle Minigolfplätze und Abenteuerspielplätze und vieles mehr. Natürlich sind auch Gaststätten angeschlossen.

Toureninfos

Erlebnispark Schloß Thurn, Schloßplatz 1, 91336 Heroldsbach, Tel. 09 190 / 92 98 98, Fax 92 98 88.

ab Ostern: Mo-Fr 10 h, Sa, So, Ferien 10-18 h (genauen Plan bitte erfragen).

Erwachsene 12,50 €, Kinder 4-12 10,50 €.

Am Gelände.

Buslinie 8205 Baiersdorf (DB) - Heroldsbach; 8922 Forchheim (DB) - Höchstadt.

Im Gelände gibt es mehrere Verpflegungsstationen.

Dechsendorfer Weiher, Oberndorfer Weiher in Möhrendorf, Frei- und Hallenbäder in Erlangen.

12

Erlangen-Tennenlohe: Walderlebniszentrum

Am nördlichen Stadtrand von Erlangen-Tennenlohe liegt am Rande des Reichswaldes das Walderlebniszentrum Tennenlohe. Man kann die Besichtigung mit einer Radtour verbinden und von Erlangen aus ab der Hammersbacher Straße auf einem schönen Waldweg, dem Franzosenweg, vorbei am Naturschutzgebiet Brucker Lache, zum Gelände fahren. Dort findet sich im eingezäunten Teil eine Art Freilandmuseum für Geräte, die im Forstbetrieb gebraucht werden und wurden, darunter auch Holztransportschlitten, Wagen zur Sandsteingewinnung, eine Zeidlerei und zahlreiche Kleingeräte. In einem Haus ist eine forstgeschichtliche Sammlung untergebracht, in einer anderen Hütte kann man sich über die Ökologie des Waldes informieren. Am Querschnitt einer Eiche aus der Gründungzeit des Waldes um 1668 ist es möglich, deren Alter abzulesen.
Außerhalb des Geländes findet sich im Wald ein Holzlabyrinth, ein kleiner Walderlebnispfad zum Barfußgehen, ein Waldtelefon und ein Lehrpfad mit Waldkräutern, die in der Heilkunde eine Rolle spielen.

Toureninfos

Walderlebniszentrum Erlangen-Tennenlohe, Franzosenweg 60, 91058 Erlangen, Telefon 09 131 / 88 490 (Forstamt Erlangen).

Mo u. Fr. 9-12, Di u. Do 9-16, So, Fei 10-16 h.

frei.

Am Franzosenweg in Erlangen-Tennenlohe, am Sportplatz in Tennenlohe.

Linien 30 und 295 von Stadtmitte, Haltestelle Heuweg.

Frei- und Hallenbäder in Erlangen, Fürth u. Nürnberg.

13

Bamberg: Stadtrundgang

Zweifellos gehört das 1000jährige Bamberg zu den schönsten deutschen Städten, was auch mit der Ernennung der gesamten Altstadt zum UNESCO-Weltkulturerbe zum Ausdruck gekommen ist. Auch auf Kinder dürfte ein Spaziergang durch verwinkelte Häuserzeilen der Bergstadt mit schluchtartigen Einschnitten, kleinen Winkeln, oder die romantischen Fischerhäuser an der Regnitz (Klein-Vendig) Eindruck machen. Dabei gibt es immer Neues zu entdecken, sowohl in der mittelalterlichen Bergstadt um den Dom wie auch in der barocken Einkaufsstadt auf der Insel. Wer bei seinem Rundgang auch noch etwas lernen möchte, kann sich mit zwei sich ähnlichen kleinen Führern ausrüsten, die den Kindern die bedeutendsten Bau- und Kunstwerke wie den Dom und den weltberühmten Bamberger Reiter erklären und Geschichten dazu erzählen. Auch, wenn die Bücher mitunter etwas lehrhaft wirken und nicht immer auf kindliche Bedürfnisse Rücksicht nehmen, sind sie eine wertvolle Hilfe für interessierte Kinder beim Kennenlernen einer alten Stadt.
Und schließlich gibt es auch immer in der Nähe einen Spielplatz wie am Domgrund unterhalb des Dombergs oder im Hain. Für kleine Stärkungen und Ruhepausen sorgen zahllose Gasthäuser, Eiscafes oder der bei Kindern beliebten Crêpes-Wagen am Gabelmann, der Neptunstatue am Grünen Markt, ein beliebter Treffpunkt für Kinder und Jugendliche.
Wer noch Energie übrig hat, kann auch das Naturkundemuseum in der Inselstadt besuchen, wo u. a. in historischen Räumen eine große Zahl von präparierten Vögeln ausgestellt ist.
Und noch etwas: Paul Maar, der Verfasser der berühmten Sams-Bücher, lebt in der Stadt, der Sams-Film ist hier gedreht und ab und zu gibt es auch extra für Kinder einen Sams-Stadtrundgang (Tel. 0951/15194) wie auch historische Kinderführungen (Termin beim Verkehrsamt erfragen).

Spielplatz am Domgrund vor der historischen Kulisse des Bamberger Doms

Toureninfos

Bücher: Mit Hans und Lena durch Bamberg. Ein Stadtführer von Anna Elisabeth Stein und Sonja Krebs. Verlag Fränkischer Tag. Bamberg 2002 und Julia Lanzer: Stadtführer für Kinder und Jugendliche Bamberg. Gundelsheim 2001. (Verlag Hübscher-Genniges) – Im Buchhandel oder beim Verkehrsbüro erhältlich.

Hainbad

zahlreiche überall in der Altstadt

Bahnlinie von Nürnberg nach Lichtenfels (Sonneberg, Leipzig, Berlin), von Hof / Bayreuth nach Würzburg. Mehrere Buslinien vom Bahnhof in die Altstadt.

14

Wanderung zum „Walberla“

Das Walberla ist ein Zeugenberg, das heißt ein vom eigentlichen Gebirge, hier dem Jura, abgetrennter Vorberg. Durch seine exponierte Lage über der Regnitzebene mit herrlicher Aussicht ist er schon frühzeitig u.a. von Kelten besiedelt worden. Deren „Oppidum“, d.h. Bergstadt, folgten germanische Siedlungen, bis nach der Christianisierung des Landes eine christliche Kirche, die Walpurgiskapelle, auf dem Berg errichtet wurde. Sie gab diesem, der eigentlich „Ehrenbürg“ heißt, seinen volkstümlichen fränkischen Namen „Walberla“. Der Ort ist zu einem Wahrzeichen der vorderen Fränkischen Schweiz geworden, nicht zuletzt wegen des am ersten Sonntag im Mai dort abgehaltenen Kirchweihfestes.

Unsere Wanderung geht vom Bahnhof in Kirchehrenbach in den Ort. In der Mitte des Ortes biegt von der Hauptstraße nach rechts die Straße „Zum Ehrenbürg“ ab, ein Wegweiser zeigt außerdem „Walberla“ an. Wer mit dem Auto unterwegs ist, kann noch etwa 500 m hoch bis zum Parkplatz bei einer Gastwirtschaft fahren. Vom Parkplatz geht es nochmals einen knappen Kilometer bergauf bis zur Hochebene bei der Kapelle, die in der Mulde eines Sattels liegt. An dessen beiden Seiten stehen Felsen, von denen man ins Tal blicken kann. In der Mitte, auf dem Trockenrasen, kann man herumrennen. In der Nähe der Felshänge, im Naturschutzgebiet, sollten die Kinder jedoch auf den Wegen bleiben.

Ein Weg führt vom Walberla hinüber zum höheren zweiten Gipfel, dem Rodenstein, an dessen Felsen die Kletterer zu Hause sind, die man bei der Ausübung ihres Sports beobachten kann. Von hier geht unser Weg am unterhalb des Rodensteins liegenden Parkplatz vorbei ins Dorf Schlaifhausen mit mehreren Einkehrmöglichkeiten. Von dort können wir durch die Dorfstraße gehen und gelangen dann auf der Nebenstraße in das Dorf Wiesenthau, das ein schönes Schloß beherbergt.

Unterhalb von Wiesenthau im Tal der Wiesent liegt der Bahnhof, von dem aus wir wieder nach Kirchehrenbach oder gleich zurück nach

Forchheim fahren können. Geht man den Weg in umgekehrter Richtung, ist noch ein Badeaufenthalt im Kirchehrenbacher Bad möglich.

Toureninfos

Gemeinde Kirchehrenbach, Tel. 09191/7989-0.

Auf- und Abstieg je eine halbe Stunde. Rundweg 2-3 Stunden.

Jederzeit frei zugänglich.

Parkplatz „Walberla" in Kirchehrenbach oder unterhalb des Rodensteingipfels (markierter Fahrweg von Schlaifhausen aus).

DB-Linie 821 Forchheim - Ebermannstadt (am Sonntag auch mit dem Museumszug Forchheim - Behringersmühle).

Kirchehrenbach, Schlaifhausen, Wiesenthau, Dietzhof.

Kirchehrenbach (Hallenbad, Freibad).

15

Hundshaupten: Wildgehege

In der westlichen Fränkischen Schweiz in der Region Egloffstein ist etwa einen Kilometer unterhalb des Schlosses Hundshaupten, dessen wertvolle Innenreinrichtungen ebenfalls besichtigt werden können, das Wildgehege Hundshaupten gelegen. Es ist in eine idyllische Landschaft, zwischen Berghängen eingebettet, ein Bach fließt durch das Gelände, ein Teich ist angelegt. Neben den Tiergehegen finden sich für die Kinder ein Streichelzoo, Spielplätze und eine Gaststätte.

Im Tiergehege überwiegen Tiere aus dem europäischen Raum, neben den einheimischen wie Füchse und Pfauen auch Gemsen und Steinböcke, die an den Steilhängen herumklettern. Ziegen laufen im Gelände frei herum und setzen sich schon mal in die Sonne auf eine Besucherbank. Steinmarder schlafen im Schatten, zutrauliche Rehe dürfen mit gekauftem Futter gefüttert werden. Der Rundgang am Hang entlang ist zugleich ein schöner Spaziergang für die ganze Familie, bei dem auch einige Steigungen zu bewältigen sind.

Toureninfos

Wildpark Egloffstein-Hundshaupten, Zaunbacher Str. 62, 91346 Egloffstein, Tel. 09 191 / 86 117.

Ende März-Anf. Nov täglich 9-17 h, Nov-Ende März, Sa, So, Fei 9-17 h, 21.12-6.1 täglich 9-17 h.

Erwachsene 2,50 €, Kinder (5-17 J.) 1,50 €.

Am Gelände.

Am Wochenende Busverkehr ab Ebermannstadt.

In Hundshaupten, mehrere Gaststätten im Trubachtal.

Freibad in Egloffstein, Hallenbad u. Freibad in Ebermannstadt.

16

Wiesenttal: Wanderung zur Riesenburg

Die Riesenburg ist eine sogenannte Versturzhöhle, ein mächtiges Felsengebilde mit mehreren höhlenartigen Eingängen, die sich fast von der Hochfläche des Jura bis ins Tal der Wiesent herabzieht. Das Felsengelände ist mit Treppen zugänglich gemacht und abgesichert und ermöglicht ständig neue bizarre Ein- und Ausblicke. Man kann die Riesenburg mit einer kleine Wanderung vom Bergdorf

Gewaltige Felsgebilde: Versturzhöhle Riesenburg

Engelhardsberg aus erreichen, in dem man im Dorf kurz vor dem Erreichen der Hanghöhe nach links abbiegt. Am Dorfausgang endet das Sträßchen und ein Schotterweg führt weiter hinunter zur Riesenburg.

Wer es bequemer haben möchte, kann auch an der Straße von Behringersmühle nach Waischenfeld (etwa 5 km nördlich von Behringersmühle, kurz vor dem kleinen Ort Doos) am Straßenrand parken und auf die links der Straße gelegene Riesenburg hinaufsteigen.

Toureninfos

Fremdenverkehrsamt Wiesenttal in 91346 Wiesenttal, Tel. 09 616 / 346.

in Wiesenttal-Engelhardsberg oder an der Straße Behringersmühle-Waischenfeld, 1 km nördlich der Schottersmühl, 500 m vor Doos.

in Doos, Gasthaus Schottersmühle.

Gößweinstein, Pottenstein, Waischenfeld.

17

Streitberg: Binghöhle

Höhlen in der Fränkischen Schweiz: Die Fränkische Schweiz, Teil des Fränkischen Jura, ist ein Karstgebirge. Kennzeichen für solche Gebirge sind Gesteinsformationen, die wasserdurchlässig und porös sind. Das Regenwasser, genauer die darin sich befindliche Kohlensäure, löst das Gestein auf, bildet Risse, Höhlen und trichterförmige Vertiefungen, die Dolinen. Im Gebiet der Fränkischen Schweiz sind mehr als 1200 Höhlen bekannt.

Nur ein kleiner Teil davon ist für Besucher zugänglich. In diesen „Schauhöhlen" können die Besucher Tropfsteine bewundern, die in Tausenden von Jahren aus Ablagerungen des kalkhaltigen Wassers gebildet werden und entweder von der Decke hängen (Stalaktiten) oder vom Boden nach oben wachsen (Stalagmiten). In vielen Höhlen hat man auch Tierknochen gefunden.

Die bedeutendsten der Schauhöhlen sind die Binghöhle bei Streitberg, die Teufelshöhle bei Pottenstein, die Sophienhöhle bei Kirchahorn und die Maximiliansgrotte bei Krottensee.

Die Binghöhle, eine 400 m lange Galeriehöhle, wurde 1905 von dem Nürnberger Ignaz Bing entdeckt und erschlossen. Die Höhle, die von Kennern als eine der schönsten der Fränkischen Schweiz bezeichnet wird, kann gefahrlos durchwandert werden. Die gesicherten Wege führen nahe an wunderbaren Tropfsteingebilden vorbei.

Zur Binghöhle gelangt man, indem man von der Streitberger Hauptstraße dem Wegweiser nach in nördlicher Richtung abzweigt. Nach rund 200 m gibt es ein paar Parkplätze, der Fußweg führt von hier etwa 15 Minuten bergauf.

In Streitberg (Dorfplatz 2) läßt sich nachmittags auch ein privates Ammonitenmuseum besichtigen (Tel. 09 196/99 85 95).

Toureninfos

Tel. 09 196 / 340 oder Verkehrsamt Muggendorf-Streitberg in 91346 Wiesenttal, Tel: 09 616 / 346 oder -19 433.

Mitte März-Mitte Nov täglich 9-12 h und 13-17 h. Im Winter ist die Anmeldung beim Höhlenwart, Frau Beyer, Tel 09 196/656.

Erwachsene 2,50 €, Schüler 1,00 €, Kinder unter 6 Jahren haben freien Eintritt. Die Einzelführung (30-40 Minuten, bis 3 Personen) kostet 8,00 €.

P 1 km unterhalb des Höhleneingangs an der Straße.

Buslinie Ebermannstadt - Behringersmühle, Haltestelle Streitberg.

In Streitberg.

Freibad in Niederfellendorf auf der gegenüberliegenden Wiesentseite, Hallenbad in Ebermannstadt.

Wanderung zur Ruine Streitberg und zur Burgruine Neideck

Die Burg Streitberg wurde vor 1120 von den Rittern von Streitberg erbaut, kam dann in den Besitz des mächtigen Geschlechts der Schlüsselberger, wurde nach deren Aussterben bambergisch und 1508 von den Markgrafen von Bayreuth-Kulmbach erworben. 1553 und im 30jährigen Krieg wurde die Burg zerstört. 1803 kam sie an den bayerischen Staat, der sie 1812 zum Abbruch freigab.

Die Ruine Streitberg liegt fast verborgen hinter den großen Felsen oberhalb des Ortes Streitberg. Der Aufstieg erfolgt von dem Parkplatz bei den „Historischen Pilgerstuben" aus über die Burggasse. Wir kommen an einem bewohnten Häuschen vorbei, wo wir nach rechts direkt abbiegen. Ein anfangs steiler Weg führt in etwa zehn Minuten zur Ruine. Von den benachbarten Felsen aus hat man eine herrliche Aussicht auf die gegenüberliegende Burgruine Neideck und ins Wiesenttal bis hin zum „Walberla" im Westen. Zurück geht man den gleichen Weg, bzw. über die Fahrstraße von Oberfellendorf nach Streitberg. Möglich ist es auch, den Rundwanderweg über die Binghöhle zu benutzen.

Die Burgruine Neideck, auf der anderen Seite der Wiesent gelegen, ist der Rest der einst größten Burg der Fränkischen Schweiz und auch eines ihrer Wahrzeichen. Der Dichter Ernst Moritz Arndt nannte die Ruine „die schönsten Trümmer einer Burg". Sie war ebenfalls im Besitz der Schlüsselberger, deren letzter Erbe 1347 hier bei einer Belagerung den Tod durch ein Wurfgeschoß erlitt. Es gibt zwei Vorburgen, einen 22 m breiten Graben, dann erst die Hauptburg mit dem Bergfried.

Wir erreichen die Burg Neideck von Streitberg aus, in dem wir die Bundesstraße bei der Bushaltestelle kreuzen, von da über die Wiesentbrücke nach Niederfellendorf gehen. Dort wenden wir uns nach links, kommen am Schwimmbad vorbei und haben danach auf markiertem Weg etwa 15-20 Minuten aufzusteigen, bis wir an die Vorburg und an die aussichtsreichen Burgmauern gelangen. Das Zen-

Unweit der Teufelshöhle: Schöngrundsee bei Pottenstein (Tour 21)

trum der Burg mit dem Bergfried wird zur Zeit in jahrelanger Arbeit restauriert. - Ein Modell der Burg, das veranschaulicht, wie sie ausgesehen haben könnte, finden wir im Fränkische-Schweiz-Museum in Tüchersfeld.

Toureninfos

Verkehrsamt Muggendorf/Streitberg in 91346 Wiesenttal,
Tel: 09 616 / 346 oder -19 433.

ständig offen

frei

In Streitberg oder am Schwimmbad in Niederfellendorf.

Bus Ebermannstadt - Behringersmühle, Haltestelle Streitberg.

In Streitberg, Niederfellendorf, Badgaststätte.

Freibad liegt am Weg zur Ruine Neideck, Hallenbad in Ebermannstadt.

19

Kirchahorn: Sophienhöhle

Die Sophienhöhle liegt direkt unterhalb der malerischen Burg Rabenstein und kann entweder von dort oder vom Parkplatz an der Straße im Ailsbachtal erreicht werden. Sie ist die älteste urkundlich erwähnte Höhle in der Frankenalb, denn schon 1490 wird von einem Versuch berichtet, im Vorraum der Höhle Salpeter zu gewinnen. Im Jahre 1833 wurden weitere Räume mit Tropfsteinen entdeckt, die eine große Formen- und Farbenvielfalt besitzen. Der dritte Raum ist eine der größten Höhlenräume mit den Ausmaßen von 42 x 25 x 11 m. In ihm lassen sich die Schichtfugen eines ehemaligen Schwammriffes beobachten. In der Höhle wurden auch Knochen und Skeletteile von Höhlenbären und Rentieren gefunden, die offenbar durch eine Luke im Höhlendach herabgestürzt sind. Ein Skelett eines Höhlenbären ist ausgestellt.

Wir können den Besuch der Sophienhöhle mit einem schönen Spaziergang beginnen, indem wir vom Parkplatz bei der Burg Rabenstein uns nach links wenden. Kurz vor der sehenswerten Klaussteinkaplle, die schon Ludwig Richter gemalt hat, biegen wir einen Treppenweg nach unten und kommen nach etwa 10 Minuten zum Höhleneingang. Rückwärts nehmen wir den gleichen Weg.
An der Burg Rabenstein hat man einen Greifvogelpark eingerichtet, in dem in den Sommermonaten Falknerei-Vorführungen stattfinden. Ebenfalls gibt es dort einen kleinen Wildpark

Toureninfos

Tel. 09 11/94 08 90 (Burg Rabenstein) oder Verkehrsamt Ahorntal, 95491 Kirchahorn, Tel. 09 202 / 200.

April-Okt täglich 10-18 h.

Erwachs. 3,00 €, Kinder 2,00 €.

Parkplatz bei Burg Rabenstein (an der kleinen Straße von Oberailsfeld nach Waischenfeld) oder unterhalb der Höhle an der Straße von Behringersmühle nach Bayreuth.

Bus 8446 (VGN 232) Bayreuth - Waischenfeld - Oberailsfeld - Gößweinstein (Fußweg ca. 2 km).

Bei Burg Rabenstein, Neumühle im Tal.

Freibäder in Waischenfeld, Gößweinstein, Streitberg. Ebermannstadt, Erlebnisbad Juramar in Pottenstein.

20

Pottenstein-Tüchersfeld: Fränkische Schweiz-Museum

Im Oberdorf des bekannten Felsenortes Tüchersfeld im Zentrum der Fränkischen Schweiz hat man das Fränkische Schweiz-Museum eingerichtet. Es liegt direkt unterhalb zweier hoher Felsen im sogenannten „Judenhof". Vom idyllischen Hof aus gelangt man in die einzelnen Gebäude des Museumskomplexes. Gezeigt wird in insgesamt 43 Räumen eine umfassende Sammlung zur Heimatkunde und Geologie der Fränkischen Schweiz. In der geologischen Abteilung findet man vor allem Versteinerungen aus der Fränkischen Schweiz, etwa riesige Ammoniten.

In einem zweiten Gebäude sind volkskundlich interessante Gegenstände untergebracht. Dazu gehören Volkstrachten und landwirtschaftliche Geräte ebenso wie Zeugnisse der Volksfrömmigkeit. In der historischen Abteilung kann man einen Gang durch die Geschichte unternehmen. Dies geht von eiszeitlichen Funden wie Tierknochen, einem Neandertalerschädel über steinzeitliche Geräte, bronzezeitlichen Schmuck bis hin zu mittelalterlichen Rüstungen. Besonders interessant ist auch ein Modell der mittelalterlichen Burg Neideck, vor allem für diejenigen, die die Absicht haben, die Ruine Neideck zu besuchen. In der gut erhaltenen Synagoge ist eine Ausstellung über das Landjudentum und jüdische Kultgeräte zu sehen.

Ein zusätzlicher Anreiz für größere Kinder kann es sein, den Aussichtsfelsen „Fahnenstein" zu erklettern, was jedoch im letzten Teil des Weges Schwindelfreiheit und Trittsicherheit, jedoch keine Kletterkünste erfordert. Der offizielle markierte Wanderweg führt vom 200 m außerhalb des Oberdorfes gelegenen Parkplatz aus zum Fahnenstein.

Toureninfos

Fränkische Schweiz-Museum Pottenstein-Tüchersfeld, Tel. 09 242 / 16 40, Fax 10 56.

1.4-1.11: Di-So 10-17 h, 2.11-31.3: So 13.30-17 h.

Erwachsene 2,30 €, Kinder u. Jugendliche 1,50 €.

Am Ortsausgang des Oberdorfes.

Bus 8418 (VGN 232) Pegnitz - Ebermannstadt.

Tüchersfeld, Pottenstein, Behringersmühle.

Erlebnisbad Juramar, Pottenstein, Hallenbad und Freibad in Gößweinstein.

21

Sommerrodelbahn Pottenstein, Bootfahren am Schöngrundsee, Felsenbad Pottenstein

Die an der Bundesstraße Richtung Pegnitz zwischen Pottenstein und der Teufelshöhle gelegene Sommerrodelbahn ist mit 1200 m Länge eine der längsten Europas. Sie wurde auf dem Hang gegenüber dem alten Felsenbad errichtet und zieht sich dort in vielfachen Windungen den Hang herab. Nach jeder Fahrt wird man im Schlitten in gerader Linie wieder bergauf gezogen, um erneut ins Tal zu sausen. Man kann Geschwindigkeiten bis zu 40 km/h erreichen und selbständig bremsen. Natürlich muß ein Sicherheitsabstand gewahrt bleiben, besonders, wenn langsamere Fahrer vor einem sind. Neben der Rodelbahn befindet sich der kleine Schöngrundsee, auf dem man mit Tretbooten und Ruderbooten vor einer Bergkulisse fahren kann. Zur Teufelshöhle beträgt der Weg nur rund einen Kilometer und kann zu Fuß zurückgelegt werden.

Auf der anderen Seite der Straße liegt das historische Felsenbad Pottenstein, das nunmehr mit einem künstlichen Badesee und einem Seerosenteich wieder eröffnet worden ist.

Toureninfos

Sommerrodelbahn
Sommerrodelbahn 91278 Pottenstein. Tel. 09 243 / 92 200.

Bei schönem Wetter, täglich 10h-17 h., im Winter vorher anfragen.

Erwachsene 1 Fahrt 3,00 €, Kinder: 1 Fahrt 1,50 €

Felsenbad täglich ab 9 h im Sommer.

Erwachsene 3,00 €, Jugendliche (15-17): 2,25 €, Kinder ab 6: 1,50 €.

Im Felsenbad, an der Teufelshöhle und in Pottenstein.

Haltestelle: Felsenbad/Schöngrundsee der Buslinie 8414 Pottenstein-Pegnitz

Am Gelände

Im Felsenbad, an der Teufelshöhle, in Pottenstein, Schüttersmühle

Pottenstein: Teufelshöhle

Die größte Schauhöhle der Fränkischen Schweiz ist die Teufelshöhle. Bereits der Eingangsraum ist von gewaltigen Ausmaßen. Eine riesige schwarze Felsgrotte tut sich vor dem Besucher auf. Aus der Mitte dieses Höhleneingangs springt eine acht Meter hohe Höhlenterrasse hervor. Dahinter befindet sich dann der eigentliche Eingang.

Man betritt die Höhle unter kundiger Führung, die etwa 45 Minuten dauert. Mit Treppen und Geländern hat man den Weg abgesichert, auf dem man an den zahlreichen Tropfsteingebilden vorbeigehen kann, die geschickt beleuchtet sind, was einen märchenhaften Eindruck hervorruft. Viele Tropfsteingebilde und Höhlenräume tragen besondere Namen wie „Barbarossadom" oder „Bärengrotte". Besonders beeindruckend ist nicht nur für Kinder der größte Höhlenraum, der 45x18x15 m große Barbarossadom, der von einer 52 m dicken Felsendecke bedeckt ist. Inmitten dieses Prachtraumes steht eine prächtige Tropfsteinpagode.

Toureninfos

Teufelshöhle 91278 Pottenstein, Tel. 09 243 / 708 - 41 + 42.

Ostern-1.11: täglich 9-16.30 h, 2.11-23.12 und 7.1-Ostern: Di u. Sa 10-15 h, 24.12-6.1: täglich 13.30-15.00 h; Dauer der Führung: 45 Minuten.

Erwachsene 3,50 €, Kinder (bis 15) 2,00 €.

An der Höhle (gebührenpflichtig), in 1 km Entfernung gebührenfreier Parkplatz an der Sommerrodelbahn, in 2 km Entfernung Großparkplatz vor Pottenstein.

Haltestelle „Teufelshöhle" der Buslinie 8418 Ebermannstadt - Pegnitz.

Zwei Gaststätten befinden sich direkt an der Höhle.

Erlebnisbad Juramar, Pottenstein; Felsenbad Pottenstein.

23

Plech: Fränkisches Wunderland

Der Freizeitpark nahe der A 9 Nürnberg - Berlin, Ausfahrt Plech, schön am Wald gelegen, bietet ein Baby-Land für junge Familien mit Kindern bis 5 Jahren, wo ständig ein Kasperltheater und Zaubervorstellungen zu sehen sind, ein Märchenland, einen Waldspielplatz und Wasserspiele. Eine 400 m lange Sommerrodelbahn ist in das Gelände integriert.

Viele Einrichtungen sind der Welt der Western nachempfunden und so eher für größere Kinder und Kind gebliebene Erwachsene geeignet: so eine Westerneisenbahn, eine Postkutsche und ein Whiskykarussell, wo man sich auf rotierenden Fässern bewegen kann. Ebenso gibt es die Möglichkeit, spielerisch Gold zu schürfen, wofür man ein Zertifikat erhält. An Extravorführungen werden eine Westernshow, „Aztekentänze" und eine Geistershow geboten.

Toureninfos

Fränkisches Wunderland Plech, 91287 Plech,
Tel. 09 244 / 98 90, Fax -74 29.

Ostern-Mitte Okt täglich 9-18 h. Einlaß endet 1 Stunde früher.

Ab 1,40 m Größe 11,00 €, von 1,00 m -1,40 m Größe 9,50 €, unter 1 m frei.

Am Gelände.

Bus 8421 (VGN 311) von Pegnitz nach Gräfenberg (1 km entfernt), Bus 8934 Bayreuth - Plech - Nürnberg.

mehrere Gaststätten in und am Gelände.

Erlebnisbad Juramar, Pottenstein, Hallenbad und Freibad in Pegnitz.

24

Neuhaus-Krottensee: Maximiliansgrotte

Die im Gegensatz zu einigen Höhlen der Fränkischen Schweiz wenig überlaufene Maximiliansgrotte am östlichen Ende der Frankenalb nahe der Straße Neuhaus a.d.P.- Königstein ist eine der größten Grotten im Fränkischen Jura. Die 1833 entdeckte Höhle ist 1200 m lang und bis zu 70 m tief. Die Höhle enthält den größten Tropfstein einer deutschen Höhle, den „Eisberg“. Auch manche andere Tropfsteingebilde haben ihre Namen bekommen, man findet den „Adler“ und den „Elefanten“. Doch kann jeder selbst Neues in den Gebilden entdecken. Der Rundgang dauert etwa eine halbe Stunde.

Toureninfos

Gasthof /Pension Grottenhof, 91284 Neuhaus-Krottensee, Tel. 09 156 / 434, Fax 232.

Ostern-Ende Okt Di-So 10-17 h, stündliche Führung.

Für Erwachsene 2,40 €, für Kinder 1,60 €.

An der Höhle.

Bahnhof Neuhaus/Pegnitz der DB-Linie Nürnberg - Marktredwitz (im Bereich des Verkehrsverbundes Großraum Nürnberg), 3 km entfernt. Verkehrt im Stundentakt.

Vom Bahnhof Wanderung oder Radfahrt über das Neubaugebiet von Neuhaus nach Krottensee.

Gaststätte an der Höhle.

Erlebnisbad Juramar Pottenstein, Freibad in Pegnitz, Hallenbad in Velden.

Neben dem Felsengarten: Burg Zwernitz in Sanspareil

25

Wonsees: Felsengarten Sanspareil und Burg Zwernitz

Am Nordrand der Fränkischen Schweiz, im ehemaligen Bayreuthischen Gebiet, ließ neben der alten Burg Zwernitz die Markgräfin Wilhelmine von Brandenburg-Bayreuth einen künstlichen 13 ha großen Park inmitten einer natürlichen Felsenlandschaft nach französischen Vorbildern errichten. Sie nannte ihn in einer Zeit, in der die Adeligen fast nur Französisch sprachen „Sanspareil", was soviel wie „ohne gleichen" bedeutet. Dieser Felsengarten ist ebenso wie die Burg Zwernitz auch für Kinder einen Besuch wert.

Auch wenn man auf den Wegen bleiben sollte, stellt der Gang durch den Felsengarten einen kleinen Abenteuerspaziergang für Kinder dar, auch wenn man nicht die historischen Bezüge in den Mittelpunkt stellt. Immer wieder ist man gezwungen, durch kleine Höhlen und Durchgänge zu kriechen, und es macht den Kindern sichtlich Spaß, hier auch einmal den Erwachsenen überlegen zu sein.

Bereits beim kleinen Parkplatz links der Straße kommt man zum „Hühnerloch", einem Felsen, durch dessen Loch sich gerade mal Kinder und schlank geratene Erwachsene zwängen können. Hat man dieses Hindernis überwunden, kommt man beim „Eiskeller" an einen weiteren schmalen Durchgang.

Rechts der Straße, vom großen Parkplatz aus, kommt man zunächst zum „Morgenländischen Bau", der 1745-48 vom Markgraf Friedrich und Markgräfin Wilhelmine angelegt wurde und heute ein Kaffeehaus birgt. Hier beginnt auch der Rundweg. Die Felsen sind alle abgesichert und begehbar gemacht. Namen wie „Regenschirm", „Dianengrotte", „Grüner Tisch", „Bärenhöhle" wecken die Phantasie. Am Ende gibt es neben dem Aussichtsfelsen „Belvedere" noch die Kalypso- und Sirenengrotte, die Sybillen- und die Äolusgrotte. In deren Nähe befindet sich auch das Naturtheater mit verwitterten Steinfiguren. Der hintere Teil des Felsengartens liegt etwa 300 m vom vorderen Teil getrennt. Der Gesamtweg hin und zurück beträgt rund einen Kilometer.

Abseits des Geländes hinter dem Parkplatz stehen auf freiem Feld der Zschokke- und der Göllerfelsen, die von der Höhe des Parkplatzes aus zusammen gesehen einem Kamel ähneln, von hinten aus überdies einen schönen Rahmen für ein Burgfoto abgeben. Hinter diesen Felsen kommt man übrigens an einer Pferdekoppel vorbei und kann hinunter durch ein schönes Wacholderheidetal etwa drei Kilometer nach Wonsees spazieren.

Bei der Besichtigung der staufischen Burg Zwernitz, die um 1200 errichtet wurde, kann man den Bergfried besteigen und eine herrliche Aussicht zur Fränkischen Schweiz und zum Fichtelgebirge genießen. Während des Aufstiegs auf steilen Treppen ist es interessant, einen Blick in das Verlies zu werfen. In den Nebengebäuden sieht man Ritterrüstungen, kleine Kanonen und Hellebarden.

Toureninfos

Burg Zwernitz und Felsengarten Sanspareil:
Tel. 09 221 / 75 969-0, Fax 75 969-15.

Burg Zwernitz: 1. 4.-30.9., Di-So 9-18 h.

Erwachsene 2,50 €, Kinder und Jugendliche bis 18 Jahre frei.
Der Felsengarten ist frei zugänglich.

Großer Parkplatz am Morgenländischen Bau, ein kleinerer an der Straße.

Bus 8435 Kulmbach - Bayreuth, Haltestelle Wonsees, 3 km entfernt. Busse verkehren selten.

In Sanspareil und Wonsees.

Freibad in Hollfeld.

26

Coburg: Stadtführung

Die alte Herzogstadt Coburg bietet den Kinderführer „Ich zeig Euch Coburg", herausgegeben vom Verkehrsverein, Herrngasse 4, 96450 Coburg, zu einer Schutzgebühr von 3,00 € an. In dieser Broschüre führt Moriz, der Soldat von der herzoglichen Schloßwache vom Sachsen-Coburg-Gothaischen Infanterie-Regiment vor 150 Jahren die Kinder durch die Stadt, erklärt den Stadtnamen, erzählt aus seiner Zeit und erklärt das Heute.

Die Führung beginnt am Marktplatz. Moriz zeigt das Stadtwappen am Rathaus, die Bedeutung von Wappen überhaupt, erklärt die Architektur von Rathaus, Stadthaus und Hofapotheke. Von da geht der Weg in die Ketschengasse und zweigt nach 50 m nach links durch das Torhaus des Neutors zur Morizkirche ab. Gemeinsam mit dem Führer des Buches statten wir der gotischen Stadtkirche einen Besuch ab, wenden uns dann nach links durch die Rückertstraße vorbei am Puppenmuseum zum Schloß Ehrenburg. Dazwischen sind immer wieder mal kleine Aufgaben zu erledigen. Der gesamte Fußweg beträgt nicht mehr als 300 Meter. Wißbegierige Kinder lassen sich von dem schön aufgemachten Führer sicherlich gerne begleiten und können selbst ihren Eltern dann vielleicht noch einiges Wissenswerte beibringen.

Toureninfos

i Fremdenverkehrsverein Coburg, Herrngasse 4, 96450 Coburg, Tel. 09561/7418-0.

P Großparkplatz Bamberger Str./Schützenstraße beim Kongreßhaus. Fußweg über Ketschendorfer Straße (links), Ketschengasse, Ketschentor zum Marktplatz, ca. 7 Minuten.

Bahnhof Coburg der Linie 830 Lichtenfels - Sonneberg. Von hier verkehren Stadtbusse der Linien 1-7 zum Marktplatz. Fußweg ca. 20 Minuten.

Freibad und Hallenbad.

Im Coburger Puppenmuseum

27

Coburg: Puppenmuseum

Das Museum ist in einem Gebäude aus dem 15. Jh. untergebracht, in dem nach 1820 auch der bekannte Dichter und Orientalist Friedrich Rückert lebte, der seine letzten Lebensjahrzehnte im nahen Ort und heutigen Coburger Stadtteil Neuses verbrachte. Im Museum werden in 32 Räumen 900 Puppen aus den klassischen Herkunftsgebieten gezeigt, wozu das coburgisch-thüringische Land um Neustadt und Sonneberg gehört. Die Puppen und die über 50 Puppenstuben und Puppenhäuser stammen aus der Zeit zwischen 1800 und 1955 und sind chronologisch angeordnet und zu Szenen aus der Wohn- und Arbeitswelt zusammengestellt.

Zunächst macht das Museum vertraut mit den Grundtypen der Puppenherstellung des letzten Jahrhunderts: Holzkopfpuppen, die winters von Holzarbeitern geschnitzt wurden, den Wachspuppen, von Wachsziehern und Kerzenmachern hergestellt und die Sonneberger Puppen mit Pappmaché-Köpfen und -körpern. Wir sehen „Lily", die deutsche Vorläuferin der Barbie-Puppe, und viele Charakterpuppen.

Man findet nicht nur Puppenküchen und Puppenstuben, ganze Puppenhäuser mit mehreren ausgestatteten Zimmern, Puppenschulen, Puppenkrankenhäuser mit Säuglingsstation, Puppenbauernhöfe, eine Puppenbäckerei und sogar einen Puppenladen. Dazu kommt noch eine Auswahl von Kasperlepuppen, Künstlerpuppen und Teepuppen.

Toureninfos

Puppenmuseum, Rückertstraße 2-3 (neben Schloß Ehrenburg), 96450 Coburg, Tel. 09 561 / 740 47.

1.4.-30.9. Di-So 9-18 h, 1.10.-31.03. Di-So 10-17 h.

Erwachsene 2,50 €, Kinder 1,00 €.

Großparkplatz am Kongreßhaus. 8 Minuten Fußweg.

Bahnhof Coburg der Linie 830 Lichtenfels - Sonneberg, Stadtbusse zum Marktplatz bzw. Schloß Ehrenburg.

Hallenbad, Freibad in Coburg.

Zahlreiche Gaststätten in der Innenstadt. Bratwurstbuden am Marktplatz mit den berühmten Coburger Bratwürsten.

28

Coburg: Naturkundemuseum

Das Coburger Naturkundemuseum hat seinen Ursprung in der Sammelleidenschaft einiger Coburger Herzöge, die im 18. Jh. damit begannen, heimische Bodenfunde zusammenzutragen. 1884 gründeten die Brüder Herzog Ernst II. und Prinz Albert, der Prinzgemahl der englischen Königin Victoria, das „Herzogliche Kunst- und Naturalienkabinett". Der Herzog unternahm zur Auffrischung seiner Sammlung sogar eine Reise nach Abessinien, dem heutigen Äthiopien.

1913/14 ließ Herzog Carl Eduard den heutigen Museumsbau errichten, der am Rande des Hofgartens nahe der Auffahrt zur Veste liegt. Er ist nunmehr durch einen modernen Anbau ergänzt.

Inzwischen hat das Museum eine gründliche Modernisierung erfahren, durch die mit Bildern, Dioramen und Tafeln viele Zusammenhänge anschaulicher dargestellt werden als in einer herkömmlichen Ausstellung.

Den Schwerpunkt des alten Teils bildet die Tierwelt, dabei vor allem die systematisch gesammelten Vögel. Nahezu lückenlos ist dabei die Sammlung der einheimischen Tiere. Daneben ist eine umfangreiche Zusammenstellung der wichtigsten Wirbeltiere anderer Länder zu sehen und auch eine umfangreiche Insektensammlung.

In der bereits modernisierten geologischen Sammlung sind viele Fossilien enthalten, „versteinerte Urkunden aus der Frühzeit der Erde", vor allem auch des Coburger Raumes. Dazu gehört eine Mineraliensammlung und eine Sammlung der hauptsächlichsten Gesteine der Erdrinde. Natürlich sind auch Überreste und versteinerte Fußabdrücke von Sauriern zu sehen.

Ein weiterer Abschnitt ist der Urgeschichte gewidmet, er enthält Gegenstände aus der Stein-, Bronze- und Eisenzeit. Die Entwicklung der Menschen wird anhand von lebensgroßen Modellen, etwa einer Neandertalerfamilie, gezeigt.

Eine Sonderausstellung behandelt den Artenschutz und die „Sünden" der Menschen, die aus Gewinnsucht, Sucht sich zu schmücken, aber auch aus Gründen des Aberglaubens zum Aussterben von Tierarten beitragen. Eine „Coburger Märbelmühle", die aus dem nahen Lautertal stammt, ist aufgebaut. Sie zeigt die einst als Spielzeug beliebten Steinmurmeln, die aus dem hiesigen Muschelkalk hergestellt wurden.

Toureninfos

Naturkundemuseum Coburg, Park 6, 96450 Coburg,
Tel. 09 561 / 80 81-20, Fax -40.

täglich 9-17 h.

Erwachsene 1,50 €, Kinder 0,50 €, Familien 3,00 €.

Parkplatz am Hause. Entfernung vom Bahnhof ca. 2 km
Stadtbusverbindung zur Innenstadt).

Bahnhof Coburg der Linie 830 Lichtenfels - Sonneberg,
Stadtbus.

Hallenbad, Freibad Coburg.

Ahorn: Gerätemuseum des Coburger Landes „Alte Schäferei“

100 m südlich der Bundesstraße 303 von Coburg nach Schweinfurt liegt das Gerätemuseum „Alte Schäferei“, etwa 5 km von Coburg entfernt. Das Museum ist in der Scheune der ehemaligen Gutsschäferei untergebracht. Das Hauptgebäude stammt aus dem Jahre 1713. Es gibt eine Daueraustellung „Ackern und Ernten“. Daneben sind im unteren Geschoß landwirtschaftliche Maschinen und Geräte ausgestellt. Im oberen Geschoß sieht man Geräte aus dem hauswirtschaftlichen Bereich. Auch eine alte Glaserwerkstatt ist zu besichtigen sowie eine Sammlung von Haustüren und Fensterläden.

Wenngleich vor allem Erwachsene in dem Museum Erinnerungen an ihre Kinderzeit auffrischen können, werden sie diese gerne ihren Kinder vermitteln und ihnen zeigen, mit welchen Geräten sie in ihrer Jugend zu tun hatten oder welche Arbeitsersparnis heutige Maschinen auf Kosten höheren Energieverbrauchs schaffen.

Angeschlossen ist eine Gastwirtschaft im ehemaligen Wohnhaus des Schäfers mit Gartenbetrieb. An Pfingsten steht alljährlich ein Handwerkerfest, im September ein zweitägiges Museumsfest auf dem Plan.

Toureninfos

i Gerätemuseum Ahorn, Alte Schäferei 2, 96482 Ahorn, Tel. 09 561 / 13 04.

April-Okt: Di-So 14-17 h, Nov-März: So 14-17 h.

Erwachsene 2,00 €, Kinder 1,00 €.

P Am Gelände.

Stadtbusverbindung von Coburg nach Ahorn, 1 km Entfernung.

Restaurant ist angeschlossen.

Coburg (Freibad, Hallenbad).

30

Wildpark Schloß Tambach und Jagd- und Fischereimuseum Schloß Tambach

Der Wildpark im 50 ha großen Park von Schloß Tambach, 12 km westlich von Coburg an der B 303, enthält Gehege u.a. für Ponys, Wildrinder, Steinböcke, Damwild, Rotwild, Füchse, Elche, Mufflons, Wildschweine, Wildkatzen, Sikawild, Ziegen und Schafe, Iltisse, Weißstörche, Wildvögel, Uhus, Eulen, Falken, Geier, Kondor, Milane, Steinadler und Seeadler sowie einen Fischteich. Insgesamt rund 200 Tiere aus 20 verschiedenen heimischen Wildarten sind vorhanden. Die weitläufigen Wanderwege zwischen einem sehenswerten Baum- und Strauchbestand sind auch für Kinderwagen geeignet.

Fachkundige Falkner führen im bayerische Jagdfalkenhof zweimal täglich (11 h u. 15 h) die Arbeit mit Adler, Falken und Geiern, ein altes Jagdgewerbe, vor, was für große und kleine Kinder ein außergewöhnliches Erlebnis darstellt.

Im Westflügel des Barockschlosses ist das Jagd- und Fischereimuseum untergebracht. Mehr als 600 Objekte zeigen die historische Entwicklung der Jagd und der Fischerei von der Steinzeit bis heute. Dazu gehören historische Jagdwaffen und Zinnfigurendioramen. Es werden Ökoräume im Wald dargestellt, eine Sonderausstellung beschäftigt sich mit „Wildttier und Umwelt". Dazu gibt es eine Fledermausbeobachtungsstation, in der auch eine Life-Fernsehübertragung von der Fledermauskolonie im Dachgeschoß des Schlosses zu sehen ist.

Toureninfos

Wildpark Schloß Tambach, Schlossallee 3, 96479 Tambach, Tel: 09 567 / 92 2915, Fax: 09 567 / 92 29 29.

Öffnung täglich 8-18 Uhr.
Falken-Flugvorführungen: März bis. Okt: täglich 11h, 15 h. Mai bis Ende Aug: auch 17 h.

Eintritt: Erwachsene 6,50 €, Kinder 2,80€, Familien 16,00 € für Kombikarten mit Jagd- und Fischereimuseum und Bayer. Jagdfalkenhof.

Jagd- und Fischereimuseum, Schlossallee 1 a, 96479 Tambach: Tel. 09 567 / 18 61, Fax 09 567 / 18 63.

Öffnung: März-Okt: täglich 10.00-17.30 h, Nov-Feb So, Fei: 10-17 h,

Eintritt allein. 2,50 EUR.

Parkplätze am Gelände.

Buslinie 8301 Coburg - Seßlach - Altenstein.

Restaurants im Gelände und neben dem Gelände.

Coburg (Freibad, Hallenbad).

31

Neustadt bei Coburg: Freizeitpark Am Moos.

Am Stadtrand von Neustadt, Richtung Ketschenbach, ist an einem ehemaliges Gartenschau-Gelände ein öffentlich zugänglicher Freizeitpark für Kinder, Jugendliche und Erwachsene entstanden, dessen Benutzung kostenfrei ist.Rund um einen idyllisches Wasserlauf finden sich für die Größeren ein Funpark für Skater, Ballspielplätze für Fußball, Streetball, Beach-Volleyball. Auf der gegenüberliegenden Seite des Teichs können Kleinere eine Kletterschlucht benutzen. Mehrere Rutschen verschiedener Größe, Klettergeräte, ein Wassermatsch-Bereich, ein Hexenhäuschen und vieles mehr warten auf die Besucher. Der Park wird dabei jährlich mit originellen Ideen erweitert. Auch wer etwas lernen möchte kommt nicht zu kurz, so ist etwa ein Natur-Erfahrungsfeld angelegt.

Toureninfos

Freizeitpark Moos, Am Moos. 96465 Neustadt bei Coburg.

Sommer 8-22 h, Winter 9-20 h.

Frei.

Parkplätze am Gelände vorhanden.

Bahnhof Neustadt bei. Coburg der DB-Linie 830 Lichtenfels-Sonneberg. 1 km entfernt.

Lokal angeschlossen.

Märchenbad Neustadt bei Coburg, Ozon-Hallen-Wellenbad Neustadt, Waldfriedensee.

Vielfältige Spielmöglichkeiten im Freizeitpark Neustadt b. Coburg

32

Neustadt bei Coburg: Museum der Deutschen Spielzeugindustrie

Es ist kein Zufall, daß in Neustadt und im benachbarten thüringischen Sonneberg Spielzeugmuseen entstanden, war doch dort am südöstlichen Rand des Thüringer Waldes ein Zentrum der Spielzeugherstellung. Der Thüringer Wald galt als das „größte Puppenheim" der Welt. Noch heute werden hier Puppen hergestellt. Die Herstellung der Puppen ist so auch ein Schwerpunkt des Museums. Es werden die Arbeitsvorgänge in bildlichen Darstellungen, die Rohmaterialien und Halbfertigprodukte, die einzelnen arbeitsteiligen Fertigungsschritte gezeigt. Das Berufsbild der „Pupperlesmacher" ist in den einzelnen

Spezialisierungen zu sehen. So erfährt man etwa, daß ein Bossierer Puppenkörper aus Pappmaché herstellt. Dabei wird auch die Entwicklung von Holzpuppen bis hin zu Celloloidpuppen und neuen Kunststoffpuppen sichtbar gemacht. Sicher kann es auch für Kinder interessant sein, wenn sie erfahren, wie ihre Spielobjekte gefertigt werden, wenngleich manche Ausstellungsteile über die Puppenproduktion mehr die Erwachsenen anziehen dürften. Dazu kommt eine Trachtenpuppenabteilung, eine Sammlung, deren Grundstock 1930 gelegt wurde und Puppen in Trachten aus aller Welt zeigt.

Für Kinder hat man im Untergeschoß ein Kindermuseum errichtet. In drei Großvitrinen sind Märchen dargestellt, vier Vitrinen zeigen Szenen des Alltags, vorgeführt mit Puppen aus der heimischer Industrie. Im Mittelpunkt steht aber die Darstellung der weihnachtlichen Geschäftigkeit im Hause des Nikolaus. Hier werden die Weihnachtsgeschenke gefertigt, verpackt und verladen, das ganze erinnert an einen großen Betrieb. Im Weihnachtszimmer finden sich eine Bescherungsszene, wobei die Menschen durch Puppen dargestellt werden, die ihrerseits unter anderem Puppen geschenkt bekommen. Eine weitere Vitrine zeigt die Puppenherstellung, die Arbeiten der Glasbläser, Puppenkopfmacher, Puppenfriseure, Drechsler, Schnitzer und Weichgutgießer. Für die Kleinsten steht ein Spielzimmer bereit.

Toureninfos

Museum der Deutschen Spielzeugindustrie Hindenburgplatz 1, 96465 Neustadt b. Coburg, Tel 09 568 / 56 00, Fax 89 490

Di-So 9-17 h.

Erwachsene 3,00 €, Kinder 1,50 €.

Vor dem Haus, an der Straße.

Bahnhof Neustadt b. Coburg der Linie 830 Lichtenfels - Sonneberg, 2 km entfernt.

Freizeitbad Neustadt b. Coburg, Froschausee.

33

Sonneberg: Deutsches Spielzeugmuseum

Nur wenige Kilometer von der bayerischen Grenze entfernt liegt die alte thüringische Spielzeugstadt Sonneberg. Hier am Südrand des Thüringer Waldes wurden vor allem in Heimarbeit Spielzeug, in erster Linie Puppen, hergestellt. Hier entstand das älteste Spezialmuseum für Spielzeug in Deutschland, das mit über 50000 Exponaten zugleich eines der größten ist. - Unter anderem gibt das Museum darüber Auskunft, wie ganze Familien Tag und Nacht zusammengesessen sind, um für einen Hungerlohn Spielzeug herzustellen, das sie sich für ihre Kinder nie hätten leisten können.

Am Anfang der Ausstellung findet sich ein historischer Teil, in dem Spielzeug aus der Urgesellschaft, dem Altertum und des Mittelalters gezeigt wird. Im Hauptteil gibt es vor allem seltenes und interessantes Spielzeug zu sehen: Holz- und Metallbaukästen, Holzspielzeug, Dampfmaschinen, Kutschen und Wagen. Das Obergeschoß des großen Gebäudes ist den Puppen gewidmet und enthält eine große Zahl von Puppen aus der einheimischen Produktion aus Holz, Pappmaché, Porzellan, Wachs und Kunststoff.

Ein Höhepunkt ist ein großes Schaubild, das für die Brüsseler Weltausstellung 1910 angefertigt wurde. Vor dem Hintergrund eines fränkischen Marktplatzes (Vorbild ist Miltenberg) sind über 70 lebensechte Puppen aufgezogen, die zum Teil tatsächlichen Einwohnern des damaligen Sonnebergs nachgeahmt sind. Es ist eine lebendige Jahrmarktsszene vor mittelalterlich anmutender Kulisse mit Karussell, allerlei Buden, einem Bärenführer und vielem anderen mehr, der man lange zusehen kann.

Toureninfos

Deutsches Spielzeugmuseum Sonneberg, Beethovenstraße 10, 96515 Sonneberg, Tel. 03 675 / 70 28 56, Fax 74 28 17.

Di-So 9-17 h.

Erwachsene 3,00 €, Kinder1,50 €, Familien 6,00 €.

an der Straße

DB-Linie 830: Lichtenfels - Sonneberg.

Sonneberg, Neustadt b. Coburg (Hallenbad, Freibad), Froschausee.

34

Untersiemau: Planetenweg

Idee dieses ersten astronomischen Lehrpfades in der Bundesrepublik (1988 eingeweiht) ist es, auf einer überschaubaren und begehbaren Wegstrecke die astronomischen Entfernungen der Planeten von der Sonne und ihre Größenunterschiede maßstabsgetreu (im Maßstab 1:850.000) darzustellen. Am nördlichen Ortsausgang von Untersiemau an einer Anhöhe steht die Sonne mit einem Umfang von 163 Zentimetern. In Sichtweite noch finden sich Merkur, Venus, Erde (mit Mond) und Mars, die sonnennahen Planeten. Die Erde ist als kleine Kugel von etwa 1 cm Durchmesser dargestellt.

Graphisch schöne Tafeln erläutern Daten wie Temperatur, Umlaufzeit, Tagesdauer, Zusammensetzung usw. Dann führt der Weg, der zu Fuß, aber auch mit dem Fahrrad zurückgelegt werden kann, durch den Ort Untersiemau vorbei am Schloß, bis man am Ortsende den größten Planet Jupiter erreicht, der in der maßstabsgerechten Darstellung schon wieder eine Fußballgröße erreicht.

Der Planetenweg, der durch blaue Wegweiserpfeile durchgehend ausgeschildert ist, folgt nunmehr zugleich einem Naturlehrpfad. Tafeln zeigen uns den Nutzen der nahen Streuobstwiesen, weisen auf einheimische Blumen, Vögel, Schmetterlinge, Insekten und Obstsorten hin.

Am Ring zu erkennen: Der Saturn am Planetenweg Untersiemau

Der Weg geht hinter Untersiemau zunächst überwiegend leicht bergauf. An der ersten Anhöhe, von der sich gleichzeitig einen Blick auf die Veste Coburg werfen läßt, findet sich der Saturn mit seinem Ring. Der Weg führt uns durch das Lichtenholz wiederum etwas mehr als 1 km, bis wir an einer Wegkreuzung auf freiem Feld den Planten Uranus erläutert finden. Von hier geht es dann bergauf zum Banzberg. Bei einem alten Ringwall stoßen wir nach etwa 2 km auf den Neptun.

Kurz danach erreichen wir das berühmte Kloster Banz, wo wir im Museum eine Petrefaktensammlung bestaunen können (s. Tour 35).

Von Banz führt unser Weg steil bergab über Neubanz, dann erreichen wir kurz vor Beginn des Ortes Unnersdorf schließlich den sonnenfernsten und kleinsten Planeten Pluto und damit das Ende des rund 7 km langen Wanderweges.

Von hier haben wir noch knapp zwei Kilometer bis zum Bahnhof von Bad Staffelstein, von wo aus wir mit dem Zug nach Bamberg oder Lich-tenfels fahren können. Nach Bad Staffelstein gelangen wir auf der Straße durch den Ort Unnersdorf, über die Mainbrücke, nach weiteren 500 m sind wir am Bahnhof. Diejenigen, die noch ein Bad lockt, können entweder in der Therme von Bad Staffelstein oder gleich dahinter in einem schön gelegenen Badesee baden.

Toureninfos

Gemeindeverwaltung Untersiemau, Bahnhofstraße 2,
96253 Untersiemau, Tel. 09 565 / 881, Fax 67 88.

Die Länge des Wanderwegs beträgt rund 7 km oder 2 Gehstunden.
Die Strecke zwischen den Bahnhöfen Creidlitz und Bad Staffelstein beträgt etwa 12-13 km oder 4-5 Gehstunden.

An der Galgenhöhe in der Nähe des Sportplatzes von Untersiemau an der Alten Coburger Straße.

Untersiemau ist mit dem Bus (Linie 8319 u. 8314) von den Bahnhöfen Lichtenfels und Coburg aus zu erreichen, wobei allerdings am Sonntag nur wenige Busse verkehren. Nächstgelegener Zugbahnhof ist das ca. 3 km entfernte Creidlitz der Strecke Lichtenfels - Coburg. Der Endpunkt in Unnersdorf liegt rund 2 km vom Bahnhof Bad Staffelstein der häufiger frequentierten Linie Bamberg - Lichtenfels entfernt.

In Untersiemau, Kloster Banz, Unnersdorf, Bad Staffelstein.

Freizeitbad Aqua Riese in Bad Staffelstein mit anliegendem Badesee.

35

Kloster Banz: Petrefaktenmuseum

Im Kellergeschoß des Konsulentenhauses - ein Nebengebäude des weitberühmten Klosters Banz - ist ein Petrefaktenmuseum untergebracht, d.h. eine Sammlung von Versteinerungen, die Mitte des 19. Jahrhunderts von Pfarrer Augustin Geyer und Kanzleirat Carl Theodori zusammengetragen wurden. Die Sammlung ist bereits seit 1856 öffentlich zugänglich (Der Dichter Viktor von Scheffel erwähnt sie in seinem Lied „Der letze Ichthyosaurus.").

Im Maintal und am nahen Staffelberg wurden in den Dogger- und Juraschichten viele Versteinerungen aus der Lias-Zeit (vor ca. 200 Mio. Jahren), von Schnecken (Ammoniten, Belemniten) bis hin zu gewaltigen Fischsauriern gefunden, als die Gegend noch von einem warmen Meer bedeckt war. Prachtstücke der Sammlung sind ein mehr als 2 m langer Fischsaurierschädel, der größte, den man in Europa gefunden hat, und ein Fischsaurierskelett.

In einem Nebenraum ist eine orientalische Sammlung untergebracht, die Herzog Max von Bayern 1838 von seiner Ägyptenreise mitgebracht hat, darunter findet sich auch eine Mumie und mehrere ausgestopfte Krokodile, die der Herzog angeblich selbst erlegt hat.

Toureninfos

Petrefaktenmuseum Kloster Banz, 96231 Bad Staffelstein,
Tel. 09 573 / 337-44, Fax -33

März-Okt: Di-So 10-16 h.

Erwachsene1,50 € , Kinder 1€.

Großparkplätze am Kloster.

4 km vom Bahnhof Bad Staffelstein der Bahnlinie Bamberg - Lichtenfels.

Gaststätte am Kloster.

Freizeitbad Aqua Riese in Bad Staffelstein mit anliegendem Badesee.

36

Michelau: Deutsches Korbmuseum

Michelau, an der B 173 Bamberg - Kronach, wenige Kilometer östlich von Lichtenfels gelegen, gilt als die Wiege der Feinkorbflechterei, also dem Flechten von kleinen Körben aus gespaltenen Weiden. Diese Technik wird hier seit dem 18. Jh. angewandt. Ab 1760 bereits ist hier die Weißkorbmacherei nachzuweisen. 1770 wurde eine Korbmacherzunft gegründet, der bald 110 Meister angehörten. Dann kam die Feinkorbflechterei dazu. 1906 waren von 2400 Einwohnern fast 900 Korbmacher. Im 19. Jh. entwickelten sich um Michelau und Lichtenfels ein blühendes Korbmachergewerbe, dessen Produkte in ganz Europa verkauft wurden.

Den Grundstock des Museums, das seit 1959 in einem ehemaligen Korbmacherfabrik untergebracht ist, bildet eine Sammlung der Lichtenfelser Korbmacherfachschule. 1990 wurde diese erweitert und gilt als ein Spezialmuseum, das einzigartig in Deutschland ist. Auf einer Ausstellungsfläche von mehr als 1000 qm wird ein Überblick über Materialien, Werkzeuge, Geräte, Maschinen und natürlich die Erzeugnisse der Korbmacherei geboten. Dazu gehören neben Körben, vom kleinen „Rotkäppchenkorb" bis zum Ballonkorb, auch Kinderwagen, Hüte und Flechtmöbel, vom Designerstuhl über den Rattansessel bis zum geflochtenen Vertiko. Gezeigt werden auch die Lebensverhältnisse der Korbmacher und ihrer Familien sowie die Ausbildungsordnungen und Erzeugnisse der Schulen. Eine Extraabteilung zeigt auch Flechtarbeiten der nordamerikanischen Indianer, Arbeiten aus Mexiko, japanische Tempelvasen und chinesische Fischreusen.

Im Korbmuseum Michelau

In der Hauptbesuchszeit im Sommer finden jeden Samstagnachmittag Vorführungen des Korbflechtens statt. Beginn ist jeweils um 13.30 h, Ende 16.30 h.

Toureninfos

Deutsches Korbmuseum, Bismarckstraße 4, 96247 Michelau, Tel 09 571 / 835 48, Fax 882 05.

Apr-Okt: Di-So 10-16.30 h, Nov-März: Mo-Do 10-16.30 h, Fr 10-12 h.

Erwachsene 2,00 €, Kinder 1,00 €.

Vor dem Museum.

3 km v. Bf. Lichtenfels (Regionalexpress, D-Zug, einige IC-Züge). Leider keine öffentl. Busverbindung zu den Öffnungszeiten.

Mehrere Gaststätten in Michelau.

Freizeitbad AquaRiese Bad Staffelstein, Hallenbad Michelau, Freibad, Hallenbad in Lichtenfels.

Wanderung zum Staffelberg

Der Staffelberg bei Bad Staffelstein ist einer der Zeugenberge, der dem Juraland vorgelagert ist und anzeigt, daß einst das Juragebiet sich noch weiter erstreckt hat als heute. Er ist ein alter heiliger Berg, auf dem einst eine keltische Stadt und ein keltisches Heiligtum sich befand. (Funde aus frühgeschichtlicher Zeit sind im Bad Staffelsteiner Museum zu besichtigen). Ihnen folgte ein germanisches Heiligtum und früh eine christliche Kirche und Einsiedelei.

Ein Einsiedler wurde von dem im letzten Jahrhundert recht volkstümlichen Dichter Viktor von Scheffel mehrmals besucht und kommt in einer Strophe von dessen Wanderlied „Wohlauf die Luft geht frisch und rein" vor, das von vielen Franken als „Frankenhymne" gesungen wird.

Auf dem Staffelberg besteht die Möglichkeit zur Einkehr in einer kleinen Wirtschaft mit Bänken davor. Die weiträumige Hochfläche eignet sich bestens zum gefahrlosen Herumtollen. Am Rand der Hochfläche kann man von Felsvorsprüngen ins Tal gucken und den Drachenfliegern und Kletterern zuschauen. -

Zum Wanderweg wenden wir uns vom Bahnhof Bad Staffelstein zur Ortsmitte, folgen der Hauptstraße nach links über den Marktplatz fast bis zum Ortsende und zweigen dann nach rechts auf der Straße zum Staffelberg ab. Nach rund 200 Metern kommen wir zum Parkplatz beim Friedhof.

Von hier aus geht der Wanderweg auf einer Brücke über die Schnellstraße hinweg und steigt dann in die Höhe. Beim Erreichen des Waldes müssen wir uns zwischen zwei Aufstiegsmöglichkeiten entscheiden, den Hauptweg, der sich nach links erstreckt, und den „Karlsweg", der rechts davon in einem Hohlweg im Wald aufsteigt. Letzterer besitzt am Ende einen Steilaufstieg über eine Wiesenfläche, dafür gelangen wir direkt bei den Felsen auf die Hochfläche.

Von dem Hauptweg, der meist am Waldrand entlangführt, haben wir immer wieder Ausblicke auf die Doppeltürme der berühmten Wallfahrtskirche Vierzehnheiligen, die man mit wandergeübten Kindern in etwa einer Stunde vom Staffelberg aus zu Fuß erreichen kann. Jenseits der im Tal liegenden Stadt Bad Staffelstein sehen wir das ebenfalls berühmte Kloster Banz auf dem Berg liegen.

Wir können aber auch den einen Weg zum Aufstieg, den anderen zum Abstieg wählen. (Am wenigsten steil ist übrigens die dritte Aufstiegsmöglichkeit bei der wir oberhalb des Ortes Romansthal parken und von dort aus den Wanderweg aufsteigen).

Toureninfos

Stadt Bad Staffelstein, Fremdenverkehrsamt, Tel. 09 573 / 41 92

45 Minuten vom Parkplatz, 70 Minuten vom Bahnhof Bad Staffelstein. Mit kleineren Kindern entsprechend mehr.

Der Staffelberg ist frei zugänglich.

Beim Friedhof, 100 m oberhalb des südlichen Ortsendes von Bad Staffelstein (Ausschilderung „Staffelberg", Romansthal).

Bahnhof Bad Staffelstein der Bahnlinie Bamberg - Lichtenfels.

Auf dem Staffelberg (Di Ruhetag, im Winter nur am Wochenende geöffnet, November geschlossen), zahlreiche Gaststätten in Bad Staffelstein.

AquaRiese in Bad Staffelstein mit Badesee, Freizeitbad Aquarena in Zapfendorf.

38

Bayreuth: Urwelt-Museum Oberfranken

Aus dem Naturalienkabinett und der „Erdgeschichtlichen Sammlung", die u.a. noch auf Alexander von Humboldt zurückgeht, ist 1998 ein neues Museum entstanden, das durch seine Darbietungsform gerade auch Kinder ansprechen möchte. Auf spielerische Weise und mit anschaulichen Darstellungen wird den Kindern Erdgeschichte vermittelt. So gibt es speziell für sie den „Hau den Lukas in die Erdgeschichte", lebende Mäuse neben einer Eiszeithöhle, Memoryspiele u.a. Auch darf man Saurierzähne und Fußabdrücke von Sauriern anfassen. Es finden sich in dem neuen Museum u.a. Höhlen mit Höhlenbären, Pflanzen im Dschungelgebiet der Flußdeltas der Jurazeit, ein Seewasseraquarium. Eine Kinderecke ist eingerichtet.

Toureninfos

Urwelt-Museum Oberfranken, Kanzleistraße 1. 95444 Bayreuth, Tel. 0921/51121-1, Fax: 51121-2.

Di-So 10-17 h, während der Festspielzeit auch Mo.

Erwachsene 2,05 €, Kinder 0,77 €.

Parkhäuser Innenstadt.

Hauptbahnhof Bayreuth, ca.1 km entfernt.

Freibad, Hallenbad in Bayreuth.

Eiszeithöhle im Urwelt-Museum Oberfranken

39

Bayreuth: Tiergehege am Röhrensee

An der Pottensteiner Straße, der Ausfallstraße Richtung Pottenstein am südlichen Stadtrand, hat die Stadt Bayreuth in einem Park am kleinen Röhrensee einen kleinen Zoo angelegt. In einem großen „Gemeinschaftsgehege" findet man Känguruhs, Lamas, Strauße, in einem anderen Flamingos, daneben aber auch Eulenvögel und heimische Tiere.

Am Röhrensee besteht die Möglichkeit, Boote zum Preis von 2,20 € für 1 Person bzw. 2,70 € für 2 Personen jeweils 30 Minuten zu leihen.

Toureninfos

Fremdenverkehrsverein 95444 Bayreuth, Tel. 09 21 / 885 88

Durchgehend geöffnet. Bootsverleih: Di 15-18 h, Mi-Sa 14-18 h, So 10-18 h. Tel. 09 21 / 670 71

frei

An der Pottensteiner Straße.

Stadtbus

Am Gelände.

Freibäder und Hallenbad in Bayreuth.

40

Bischofsgrün: Sommerrodelbahn, Winterrodelbahnen

Zur Sommerrodelbahn an der Talstation Nord der Schwebebahn in Bischofsgrün-Fröbershammer fährt man mit der Ochsenkopfseilbahn bis zum Zwischenausstieg, dort ist zugleich der Startplatz für die Rodler. Es beginnt eine gefahrlose Abfahrt auf Einzelrutschern oder Doppelrutschern auf der 1000 m langen Gleitbahn aus Edelstahlmulden bei einer Neigung zwischen 11% und 18%. Die Fahrt geht durch 10 Steilkurven bei einem Höhenunterschied von 140 m. Die Geschwindigkeit läßt sich durch Bremshebel leicht steuern.

Bischofsgrün ist vor allem auch ein Wintersportzentrum mit Winterrodelbahn (direkt neben der Sommerrodelbahn, am Lattalift und am Göhrenlift), mit Rodel- und Skiverleih, mit Kurzski-Unterricht in Skischulen, der bereits bei Drei- und Vierjährigen beginnt.

Toureninfos

Fremdenverkehrsamt 95493 Bischofsgrün, Tel. 09 276 / 12 92, Fax 09 276 / 505

Sommerrodelbahn: Mitte April-Oktober. Winterrodelbahn nach Schneelage

Einfache Fahrt mit der Seilbahn: Erwachsene 3, 50 €, Kinder 2,50 €,

An der Talstation.

Buslinie Bayreuth - Bischofsgrün.

Mehrere Gaststätten in Bischofsgrün, auch in der Nähe der Rodelbahn im Ortsteil Fröbershammer.

Fichtelsee, Hallen- und Freibad Bischofsgrün, Weißenstädter See.

41

Mitterteich-Großbüchlberg: Sommerrodelbahn

In Großbüchlberg, 2 km nördlich von Mitterteich (Weg ab Autobahnausfahrt Mitterteich-West bzw. ab Ortsmitte ausgeschildert) ist in aussichtsreicher Lage neben dem Skigelände eine Sommerrodelbahn entstanden, die sich in 13 Kurven ins Tal windet. Die Bahn ist 760 m lang, man fährt auf Rollen. Nach der Fahrt wird man mit Schlitten wieder 350 m automatisch zum Start hochgezogen. Direkt in der Nähe der Rodelbahn unterhalten die Besitzer auch noch eine Minigolfanlage und einen kleinen Vogelpark sowie Gaststätten.

Tel. 09 633 / 673 (Bergpension Lang)

April-Oktober Mo-Fr 10-19 h, Sa, So, Ferienzeit 10-20 h.

Kinder bis 3 J. frei, von 3-13 J. 1,60 €, ab 14 J. 2,00 € für eine Einzelfahrt. Verbilligte 5er- und 6er-Karten.

Am Gelände.

DB 855 Weiden - Hof, umsteigen in Wiesau in Bus 8568 Wiesau - Waldsassen, Haltestelle Mitterteich, Pechofen.

Gasthaus in der Nähe.

Bäder in Mitterteich, Waldsassen und Marktredwitz.

42

Wunsiedel: Felsenlabyrinth Luisenburg

Die Felsen an der Luisenburg, früher Luxburg genannt, zählen zu den beeindruckendsten Felsenformationen Deutschlands, die von zahlreichen Berühmtheiten besucht wurden. Unter anderem weilte Goethe hier zweimal und sprach von den „alle Beschreibungen und Einbildungskraft überragenden, in sich zusammengestürzten und aufgetürmten Felsmassen". Im Mittelalter gab es hier zwei Burgen, die zerstört worden sind.

Seit dem Jahre 1790, als der Kurbetrieb in Alexandersbad begann, versuchte man das Gelände zu erschließen. Man ebnete Wege, legte Sümpfe trocken, schuf Anlagen und gab den Felsen Namen und Inschriften. Das Gelände wurde im Jahre 1805 abgesichert und der Öf-

Freilichtaufführung „Die kleine Hexe" auf der Luisenburg

fentlichkeit zugänglich gemacht. Man benannte es nach der preußischen Königin Luise, der Gattin des Königs Friedrich Wilhelm III., die bei der Einweihung zugegen war.

Man kann auf festen gesicherten Wegen durch immer neue Felsformationen auf der blau markierten Route nach oben und auf der rot markierten Route wieder hinabsteigen, was auch für Kinder ein unvergeßliches Erlebnis ist. Der gesamte Weg nimmt etwa eine Stunde in Anspruch. Es gibt jedoch auch Ruhebänke unterwegs. Auf festes Schuhzeug sollte geachtet werden. Besonders bei nassem Wetter sind die Steine oft recht glatt.

Vor der Kulisse der Luisenburg finden im Sommer berühmte Freilicht-Theateraufführungen statt. Für Kinder, die gerne wandern, ist von der Luisenburg aus in 3 km der Felsengipfel der Kösseine mit schöner Aussicht und Gaststätte zu erreichen. Von da aus ist ein Abstieg nach Reichenbach und Wurmloh und die Rückfahrt nach Wunsiedel mit dem Bus möglich.

Toureninfos

Fremdenverkehrsamt Wunsiedel, Tel. 09 232 / 60 21 62.

In der Regel Apr-Nov. Bei trockenem Wetter auch ganzjährig möglich, außerhalb der Saison ist der Eintrittsschalter nicht geöffnet. Jedoch: Vorsicht bei glattem Boden.

Kinder bis 6 Jahren 0,80 €, Schüler 1,00 €, Erwachsene 2,00 €, Familien 5,00 €.

VGF-Buslinie: Marktredwitz - Wunsiedel - Fichtelberg (Haltestelle Wunsiedel, Tröstau, Wurmloh), RBO-Linie 8517 Hof-Marktredwitz, Bahnhof Wunsiedel, 3 km entfernt. Der Bus hält 1-2 x am Tag an der Luisenburg. Anfragen unter 09 232 / 80 31.

Bewachte Parkplätze an der Luisenburg.

Mehrere Gaststätten in der Nähe des Eingangs.

Fichtelsee, Freibad Wunsiedel, Marktredwitz, Hallen- und Freibad in Bad Alexandersbad.

43

Wunsiedel: Fichtelgebirgsmuseum

Das recht ausgedehnte Heimatmuseum teilt sich in eine mineralogische Abteilung, eine über die Geschichte Wunsiedels und des Fichtelgebirges und eine über die Geschichte des Wunsiedeler Spitals, in dessen Räumen das Museum untergebracht ist. In manchem der zahlreichen Zimmer, die sich auf zwei von einem Museumshof getrennten Gebäude verteilen, gibt es Interessantes für Kinder zu sehen. Dazu gehört die riesige Mineraliensammlung, die Ausdruck der geologischen Vielfalt des Fichtelgebirges ist, eine schwarze Küche, die, weil ohne direkten Rauchabzug, völlig vom Ruß bedeckt ist, alte hölzerne Feuerwehrgeräte, alte Spielkarten, große Weihnachtskrippen aus dem Zwittauer Land und eine große Zahl von Alltagsgeräten aus früheren Zeiten, bevor die „kleinen elektrischen Helfer" die Hausarbeit erleichtert haben.

Toureninfos

Fichtelgebirgsmuseum, Spitalhof, 95632 Wunsiedel, Tel. 09 232 / 20 32.

Di-So 10-17 h.

Erwachsene 2,10 €, Kinder 1,10 €, Familien 4,10 €.

Mehrere Parkplätze am Rande der Innenstadt, am nächsten ist dabei der an der Fichtelgebirgshalle.

VGF-Buslinie: Marktredwitz - Wunsiedel - Fichtelberg, RBO-Linie 8517 Hof - Marktredwitz.

Zahlreiche Gaststätten in Wunsiedel.

Freibad u. Hallenbad in Wunsiedel, Fichtelsee.

44

Fichtelberg: Fichtelsee

Im dem angestauten ursprünglichen Moorsee, der inmitten dunkler Fichtenwälder liegt, bestehen Möglichkeiten zum Baden und vor allem zum Bootfahren. Schöne Spazierwege am nahen Naturschutzgebiet, teilweise über Bohlenwege, locken, man kann die Moorvegetation bewundern, vor allem zur Zeit der Blüte des Wollgrases. Ein Restaurant mit großer Terrasse direkt am See ist vorhanden.

Toureninfos

Bootsverleih im Waldgasthof am Fichtelsee, Tel. 09 272 / 466, Fax 469.

Der See ist frei zugänglich. Bootsverleih nur an Wochenenden und in der Hauptsaison.

Parkplätze 100 m vom See entfernt. Zufahrt von Fichtelberg-Neubau, vorbei am Hallenbad. Von der Bundesstraße 303, Parkplatz an der Paßhöhe ist ein schöner Fußweg durch den Wald zum See möglich.

OVF-Linie 8431 Bayreuth - Fichtelberg, Haltestelle Neubau, Hallenbad.

Gasthaus am Fichtelsee.

45

Fichtelberg: Besucherbergwerk „Gleißinger Fels"

Das Fichtelgebirge ist reich an Erzen. Bei Goldkronach gab es größere Goldvorkommen, bei Fichtelberg Silbervorkommen und bei Tröstau-Leupoldsdorf Zinnvorkommen, die allesamt aus Rentabilitätsgründen nicht mehr weiter abgebaut werden. Eine Reihe von Orten, in denen die Erze weiterverarbeitet wurden, tragen dabei einen Namen, der auf „Hammer" endet. In Fichtelberg wurde der Bergbau bis Mitte des 19 Jh. betrieben, dann rentierte er sich nicht mehr, da Abbau und Verhüttung zu kostspielig wurden.

Das historische Silberbergwerk am „Gleißinger Fels" an der Panoramastraße von Fichtelberg-Neubau Richtung Oberwarmensteinach kann man mit echten Grubenlampen und Helm und mit einer nachempfundener Bergmannskleidung ausgestattet besuchen. Sachkundige Führer begleiten die Besucher dabei unter der Erde. Hier fand man einst im weißen Quarz das seltene Silbereisenerz, das in der Nachbarschaft verhüttet wurde. Auch wenn die Silbergewinnung schon länger eingestellt war, war die Grube bis 1938 in Betrieb, da man aus den Schlacken eine Panzerschutzfarbe herstellte.

Felsblöcke im Felsenlabyrinth Luisenburg (Tour 42)

Zu sehen sind in vielen Farben glitzernde Steine. Im Ankehrstollen finden sich auch natürliche Steinzeichnungen. Eine Tonbildschau informiert über die Geschichte des Bergbaus im „Gleißinger Fels". Die Führung dauert eine knappe Stunde. An Tagen, an denen wenig Betrieb ist, kann es sein, daß man eine halbe Stunde oder noch länger warten muß, bis eine neue Führung beginnt.

Toureninfos

Besucherbergwerk „Gleißinger Fels", 95086 Fichtelberg,
Tel. 09 272 / 848.

Vom 1.4.-31.10.: täglich von 10-17 h, Die übrige Zeit nur mit Anmeldung. Nur mit Führung (ca. 1 Stunde).

Eintritt: 4,80 €, Jugendliche (14-17 J.) 3,50 €, für Kinder 2,50 €.

An der Straße, 70 m oberhalb des Stolleneingangs.

Haltestelle Gleißinger Fels der Buslinie 8431 Bayreuth - Fichtelberg, 1 km von der Buslinie Wunsiedel - Fichtelberg.

In Fichtelberg.

Im Fichtelsee, Frei und Hallenbad in Fichtelberg.

46

Weißenstadt: Weißenstädter See

Der Weißenstädter See ist ein Stausee, an dem die junge Eger, die etwa 2 km oberhalb im Schneeberggebiet entspringt, angestaut wird. Im See besteht Badegelegenheit an dem der Stadt zugewandten Ufer, auch das Befahren mit verschiedenen Arten von Booten ist möglich (Surfschule an der Straße nach Gefrees). Man kann auch mit dem Rad um den See fahren oder wandern. Im Kurpark am Seeufer finden sich Reste einer ehemaligen Fabrik, die einer Ruine gleichen, und in der Kinder herumklettern können.

Toureninfos

Stadtverwaltung 95163 Weißenstadt, Tel. 09 253 / 950-0; Bootsverleih: Reinhold Prell, Schillerstraße 1a, Tel. 09 253 / 10 62.

Freier Zugang zum See. Bootsverleih ab 1. Mai am Wochenende und in der Ferienzeit täglich 10-18 h.

Unmittelbar am See an der Straße nach Gefrees.

Buslinie 8509 Weißenstadt - Münchberg.

In Weißenstadt.

47

Zell: Wanderung zum Großen Waldstein

Der Waldsteingipfel ist vielleicht der für Kinder interessanteste Gipfel des Fichtelgebirges. In den aufeinandergetürmten Felsen auf dem

Gipfelplateau ist eine echte Burg, das „Rote Schloß" integriert. Vom höchsten Felsen, der „Schüssel", der mit einer Treppe begehbar gemacht wurde, hat man bei klarem Wetter eine herrliche Rundumsicht auf das gesamte fränkische Bergland von der Fränkischen Schweiz bis zur Rhön, zum Frankenwald, dem Thüringer Wald, das Erzgebirge, Elstergebirge bis zum nördlichen Böhmerwald.

Auch sonst macht der Weg über die Felsen vielen Kindern Spaß. Im „Waldsteinhaus", einer Gaststätte mit Biergartenbetrieb, direkt an den Felsen gelegen, kann man sich von einer Wanderung stärken. Es ist auch mit dem Auto von der Straße Weißenstadt - Sparneck aus erreichbar.

Man kann jedoch, wenn die Kinder gerne zu Fuß gehen, von den umliegenden Orten Zell (2,5 km), Weißenstadt (4 km) und Sparneck (4 km) auf gut markierten Wegen zum Gipfel aufsteigen. Von Zell aus kann man auch einen kleinen Umweg über die Saalequelle nehmen. Eine weitere Möglichkeit besteht darin, die Strecke Weißenstadt-Sparneck mit dem Bus bis zur Abzweigung der Waldsteinstraße zu fahren. Dieser verkehrt allerdings nur an Werktagen und dann auch nur zweimal am Nachmittag. Von der Haltestelle beträgt der Weg zum „Waldsteinhaus" nur noch einen Kilometer.

Toureninfos

Gemeinde 95239 Zell (Ofr.), Tel. 09 257 / 942-0.

Waldsteinhaus.

Linie Nr. 8505 Weißenstadt - Sparneck - Münchberg, Mo Fr zweimal am Nachmittag.

Waldsteinhaus.

Weißenstädter See, Freibad in Zell.

48

Kulmbach: Deutsches Zinnfigurenmuseum

Gezeigt werden in den Räumen der Hohenzollernfestung Plassenburg in vier Stockwerken insgesamt mehr als 300.000 Figuren, die in rund 150 Dioramen angeordnet sind, die sich mit der Welt- und Literaturgeschichte, vor allem jedoch mit der Militärgeschichte befassen. Darunter ist auch das größte Zinnfiguren-Diorama der Welt, in dem die Schlacht zu Kulmbach am „Conraditag", den 26. Nov. 1553, mit 19.385 Einzelfiguren dargestellt ist.

Der Besucher erlebt außerdem von Sauriern bewohnte Landschaften, afrikanische Steppen, den Alltag in der Steinzeit, nimmt teil an antiken Jagden, trifft auf Römer und Germanen, auf mittelalterliche Ritter und gewinnt Vorstellungen von den Schlachtordnungen der friderizianischen und napoleonischen Kriege. Dabei sind die Schlachten bei Roßbach, bei Leuthen und Pavia besonders informativ dargestellt. In der ersten Etage wird die Herstellung der Zinnfiguren in den Offizinen gezeigt. Im Sommerhalbjahr finden außerdem donnerstags von 14-17 Uhr Gießvorführungen statt. Zinnfiguren können dabei käuflich erworben werden. Ansonsten ist auch im Foyer des Museums eine dauernde Verkaufsausstellung.

Tip: Alle zwei Jahre ist in Kulmbach im August eine große Zinnfiguren-Börse. Nähere Informationen im Deutschen Zinnfigurenmuseum.

In einem weiteren Gebäude der Plassenburg ist das neue „Landschaftsmuseum Obermain" als historisches Museum eingerichtet. Ferner kann man die Prunkräume des Schlosses und eine Sammlung von Jagdwaffen und Schlachtengemälden besichtigen. Nicht unbedingt für Kinder gedacht ist der Besuch des Bayerischen Brauereimuseum in der Bierstadt Kulmbach.

Die Plassenburg über Kulmbach beherbergt das Zinnfigurenmuseum

Toureninfos

Deutsches Zinnfigurenmuseum, Plassenburg, 95326 Kulmbach, Tel. 09 221 / 55 50.

April-Okt: Di-So 9-18 h, Do 9-22 h; Nov-März: Mo-So 9-20 h.

Erwachsene 2,50 €, Kinder 2,00 €.

Zentralparkplatz in der Stadt. Von hier Buspendelverkehr („Plassenburg-Express") alle 30 min ab 8.50 h, im Winter ab 9.20 h.

Bahnhof Kulmbach der DB-Strecke Lichtenfels - Bayreuth/Hof, Fußweg durch die Innenstadt, von da an ausgeschildert.

Auf der Burg (Vorburg), außerdem zahlreiche Gaststätten in der Stadt.

Frei- und Hallenbad Kulmbach, Badesee Trebgast.

49

Neuenmarkt: Deutsches Dampflokomotiven-Museum

Das Museum ist im ehemaligen Bahnhofsbetriebswerk Neuenmarkt untergebracht. Dies ist nicht zufällig, war Neuenmarkt-Wirsberg doch schon immer ein Eisenbahnknotenpunkt und zugleich der Beginn der auf den Frankenwald führenden „Schiefen Ebene", der ersten Steilstrecke der deutschen Eisenbahngeschichte. Mit dem Ende der Ära der Dampfloks im Jahre 1977 begann man das Neuenmarkter Museum zu errichten.

Kernstück ist ein 15-ständiger Lokschuppen. Rund 30 Dampflokomotiven der bayerischen, preußischen, sächsischen Bahnen, der Deutschen Reichsbahn und Bundesbahn, auch von Feld- und Industriebahnen, können dort und am Freigelände besichtigt werden. Daneben gibt es eine Drehscheibe zu sehen, eine Rauchkammer, einen aufgeschnittenen Kessel, einen Schneepflug, Drehkräne und Signalanlagen. Eine Modelleisenbahnanlage zeigt das Modell der „Schiefen Ebene".

Bei Mitfahrten auf dem Führerstand der Dampflokomotiven kann man dem Lokführer über die Schulter schauen. Außerdem gibt es Sonderfahrten auf die „Schiefe Ebene" oder zum Brauereimuseum nach Kulmbach. - Am Museum beginnt auch der 8 km lange Wanderweg „Schiefe Ebene" nach Marktschorgast mit Erklärungen der Eisenbahnbauten wie Tunnels und Brücken.

Toureninfos

Deutsches Dampflokomotiven-Museum, Birkenstraße 5, 95339 Neuenmarkt/Ofr, Tel. 09 227 / 57 00 Fax 57 03.

Mai-Okt: Di-So, Fei: 10-17 h. Um 11 h, 14 h, 15 h Modelleisenbahn-Vorführung.

Erwachsene: 3,50 €, Kinder ab 6 J. 2,50 €, Kinder bis 6 J. frei.

Parkplatz 50 m vom Museum entfernt.

Bahnhof Neuenmarkt-Wirsberg der DB-Strecke Lichtenfels - Bayreuth/Hof.

Mehrere Gaststätten in Neuenmarkt, Hegnabrunn und Wirsberg.

Freibad in Wirsberg mit Riesenrutsche, Badesee in Trebgast, Weißenstädter See.

50

Ködeltalsperre: Radfahren und Besichtigung des Stollensystems

Die Ködeltalsperre (Trinkwasser-Talsperre Mauthaus) an der Straße von Kronach nach Nordhalben ist Bayerns erste Trinkwassertalsperre, die 1968-73 errichtet wurde. Sie sichert die Trinkwasserversorgung im größten Teil Oberfrankens für rund 350000 Menschen. Daneben dienst sie dem Hochwasserschutz und der Engergieerzeugung. Um den von Wäldern umgebenen See führt ein rund 12 km langer größtenteils asphaltierter Rundweg, zum Teil in einigem Abstand, der gerne von Radfahrern und streckenweise auch von Inline-Skatern benutzt wird. Am Weg von den Parkplätzen 2 und 3 zum See ist im Sommer ein Fahrradverleih geöffnet. Eine Besichtigung der Stollenanlage ist zur Zeit nicht möglich.

Toureninfos

Fahrradverleih, Tel. 09 262 / 76 17 und 01 60 / 95 72 89 56.

Bus 8341 Kronach - Nordhalben - Wallenfels, Haltestelle Mauthaus.

Vor dem Stollen im Tal oder 300 m vor der Staumauer (am Berg).

Gaststätte mit Biergarten am Parkplatz 2 und 3.

Erlebnisbad Steinwiesen, Freibad Nordhalben.

51

Helmbrechts: Oberfränkisches Textilmuseum

In vier Stockwerken sind Exponate der oberfränkischen Textilherstellung zu sehen. Der Schwerpunkt liegt dabei auf der Weberei. Die Handwerkerstube mit dem Jacquard-Webstuhl führt in die historische Arbeitswelt der Heimweberei ein.

Ständige Schauvorführungen vermitteln einen lebendigen Eindruck von den Mühen der Weberfamilien und auch der Lautstärke, der diese ausgesetzt waren. Im Obergeschoß wird die Schalweberei gezeigt, die besonders in Helmbrechts vertreten war, wo zeitweise bis zu 3000 Weber mit Schalweberei beschäftigt waren. Von hier wurden auch Lendentücher und Gebetsteppiche nach Asien und Südamerika geliefert.

Eine Schulaktion „Hits für Kids" führt in interessante Ausstellungsteile ein.

Am Main bei Miltenberg (Tour 80)

Toureninfos

Oberfränkisches Textilmuseum Helmbrechts, Münchberger Str. 17, 95233 Helmbrechts, Tel. 09 252 / 92 430, Fax 70 111.

Di-Fr 10-12 h u. 14-16 h, Sa, So u. Fei 10-16 h.

Erwachsene 2,00 €, Kinder 1,00 €.

An den Straßen der Umgebung.

Bahnlinie 853 Münchberg - Helmbrechts, zahlreiche Buslinien, so 8351, 8353 Kulmbach - Helmbrechts und 8356 , 8359 Münchberg - Helmbrechts, 8515 Naila - Helmbrechts und 8527 Hof - Helmbrechts.

Wellenhallenbad in Helmbrechts, Weißenstädter See, Untreusee bei Hof.

52

Lichtenberg: Besucherbergwerk Friedrich-Wilhelm-Stollen

Lichtenberg ist ein altes Grenzstädtchen, das nacheinander im markgräflich-kulmbachischen, preußischen, französischen und bayerischen Besitz war. Das ursprüngliche Stadtbild ist durch mehrere Brände zerstört, doch zeigt es einen schönen Straßenmarkt, der sich zum Schloßberg hinanzieht. Von der Burg sind seit deren Zerstörung im 30jährigen Krieg nur noch wenige Reste vorhanden. An der Stelle des alten Bergfriedes hat man 1936 einen Aussichtsturm errichtet.

In den Stollenanlagen um Lichtenberg wurden einst Eisen- und Kupfererze gefördert und noch im 20. Jahrhundert Flußspat. Wenige hundert Meter unterhalb der Stadt, Richtung Blechschmidtenhammer, hat man einen alten, von A. von Humboldt 1793 projektierten Stollen, den Friedrich-Wilhelm-Stollen, freigelegt und zu einem Besucherbergwerk ausgebaut. Es ist im Grunde genommen ein Entwässerungsstollen für den weiter oben liegenden „Friedensstollen". Man kann ihn vorläufig auf 130 m Länge begehen, weitere Ausbauten folgen Schritt für Schritt.

Ein kleines Museum neben dem Besucherbergwerk zeigt Fotos und Dokumente des Erzbergbaus in dieser Region. Vor den Führungen werden Dias über die Ausbauarbeiten gezeigt. Man kann eine Gesteinssammlung besichtigen und Gesteine erwerben. Jeden zweiten Samstag im Monat findet ein Edelstein-Buddeln für Kinder statt.

Toureninfos

Besucherbergwerk Friedrich-Wilhelm-Stollen, 95192 Lichtenberg, Tel 09 288 / 216 im Gasthof.

April-Ende Okt: Sa, So: 11-17 h, in den Sommerferien auch Di 11-15 h, an einigen Wochenenden auch Fr 15 - 18 h. Genaue Termine auf Anfrage.

Erw. 3,50 €, Kinder 2,50 € (1 Mineral als Geschenk eingeschlossen).

Am Bergwerk.

Bahnhof Höllenthal der DB-Linie 857 Hof - Naila - Bad Steben, 4 km entfernt.

Gaststätte mit Terrasse unmittelbar am Eingang.

Naturbadesee Lichtenberg.

53

Bad Steben-Hölle: Wandern im Höllental

Das 4 km lange Höllental ist das Durchbruchstal des Flüßchens Sel-bitz und zählt zu den schönsten Naturdenkmälern des Frankenwaldes. Die Steilwände links und rechts sind bis 150 m hoch. Die Selbitz überwindet dabei einen Höhenunterschied von 50 Metern, was durch das Kraftwerk Höllental genutzt wird. Das Höllental ist seit seiner Entdeckung für den Tourismus im 19. Jahrhundert durch eine Reihe von Wanderwegen erschlossen. Um die Jahrhundertwende war es ein bedeutender touristischer Ort, als die Bahnstrecke von Thüringen aus durch das Tal gebaut wurde, die mittlerweile aber stillgelegt ist.

Einer der Wanderwege im Höllental ist als Naturlehrpfad ausgebaut. Man begeht ihn, in dem man der Markierung, einem grünen N auf weißem Grund, folgt. Es gibt einen 5 km und einen 2,5 km langen Rundweg, über deren Verlauf im Informationszentrum des Naturparks eine Prospekt erhältlich ist. Beide Wege führen an zahlreichen mit Namen belegten Felsformationen wie den „Hirschsprung", „Teufelsfelsen" oder „Drachenfels" vorbei. Leicht ersteigbar ist der König-David-Stein, der einen schönem Rundblick bietet.

Toureninfos

Informationsblätter im Informationszentrum am alten Bahnhof Lichtenberg-Bleschschmidtenhammer (täglich 10-17 h), Tel. 09 288 / 76 51.

Parkplatz Naturpark, Abzweig von der Straße Hölle - Iffigau; Parkplatz beim Hotel „König David" in Hölle.

Bahnstation Höllenthal der RB-Linie Hof - Naila - Bad Steben 300 m entfernt, Bus 6347 Nordhalben - Bad Steben - Hof und 6359 von Bad Steben direkt in Hölle.

In Hölle, Blechschmidtenh., Lichtenberg, Bad Steben, Berg.

Naturbadesee Lichtenberg, Freibad Naila, Freibad Bad Steben.

54

Kronach: Sommer- und Winterrodelbahn Kronach-Fröschbrunn (Fröschbrunna-Coaster)

Am Ortsausgang von Kronach, Richtung Bayreuth, liegt an einem schönen Hang, der einen Ausblick auf die alte Stadt unter der Festung Rosenberg bietet, die neue Sommerodelbahn. Auf der Strecke mit einer Länge von rund 830 m., 7 steilen Kurven, 2 Sprüngen und einem Gefälle von 7,5 %. Man kann mit einer Höchstgeschwindigkeit von 40 kmh ins Tal sausen und mit einem Schlepplift sich zur nächsten Fahrt hochziehen lassen..

Toureninfos

Fröschbrunna-Coaster, 96317 Kronach-Fröschbrunn, Tel. 09 261 / 42 82

April (Ostern) – Oktober: 10-17 h, von November-Ostern 13-16 h

Einzelfahrt 2,00 €, Kinder bis 14: 1,50 €; 5 Fahrten: Erw. 7,50 €, Kinder 6,50 €

Gasthaus Fröschbrunna dabei.

beim Gasthaus Fröschbrunna.

Kronach.

Paradies für Radfahrer und Inline-Skater: Ködeltalsperre im Frankenwald (Tour 50)

Hof: Kleinzoo und Botanischer Garten am Theresienstein

Der Theresienstein ist eine Anhöhe oberhalb Hofs jenseits der Saale mit schöner Aussicht. Dort wurde 1816 ein 70 ha großer Park nach Vorbild des Englischen Gartens in München mit Jugendstilbauten, Pavillonen, Felsen, einem botanischen Garten und einem kleinen Zoo, mehreren Restaurants und Biergärten angelegt. Es gibt für Kinder Möglichkeiten zum Spazierengehen, Herumtollen und vor allem der Besichtigung des Zoos, des Botanischen und Geologischen Gartens und zum Spielen an Spielgeräten. Benannt wurde der Theresienstein 1836 übrigens nach der bayerischen Königin Therese Charlotte, der Gemahlin König Ludwigs I.

Der Zoo enthält Affen, Wildkatzen, Känguruhs, Lamas, Ponys, Nasenbären, Luchse, Präriehunde, Raubvögel, Eulen, Störche und ein Tropenhaus mit Schlangen, Echsen, Kaimanen, Schildkröten, und tropischen Fischen. Dazu kommen ein Streichelzoo, eine Zooschule und ein Abenteuerspielplatz.

Toureninfos

Amt für Öffentlichkeitsarbeit Hof, Karolinenstr. 40, Postfach 1665, 95015 Hof, Tel. u. Fax: 09 281 / 815-270;
Zoo: Tel. 09 281 / 85 429.

Zoologischer Garten: täglich im Sommer 9 - 18 h, im Winter 9 - 16 h.

Familien 6,00 €, Erwachsene 2,00 €, Kinder 1,50 €.

In der Nähe des Geländes Plauener Straße.

Bahnhof Hof der DB-Linien 83 und 85 (D-Zug, IR) und mehrerer Regionalbahnlinien. Stadtbuslinien 3, 8 und 11.

Mehrere Lokale im Park, auch mit Gartenbetrieb.

Frei- und Hallenbad „Hof-Bad" in Hof , Untreusee südl. von Hof.

56

Töpen-Mödlareuth: Deutsch-Deutsches Museum Mödlareuth

Das kleine Dorf Mödlareuth wurde durch die deutsch-deutsche Grenze in zwei Teile geteilt. Was lag näher, als an diesem Ort ein Museum zu errichten, das einen Teil der Mauer, der Grenzsperranlagen und Kontrollstreifen als Original zeigt. Man findet Beobachtungstürme, Erdbeobachtungsbunker, Stacheldrahtzäune, Hundelaufanlage, Warnschilder, außerhalb des Geländes auch militärisches Gerät der Grenztruppen der DDR. Ein sehr anschaulicher Geschichtsunterricht, auch für Kinder.

Toureninfos

Deutsch-Deutsches Museum, Mödlareuth 13, 95183 Töpen, Tel. 09 295 / 13 34, Fax 1319.

April-Okt: Mo-Fr 9 - 18 h, Sa, So 10-17 h; Nov-März 9-17 h.

Erwachsene 2,00 €, Kinder 1,50 €.

100 m vom Gelände entfernt.

Busverkehr nach Mödlareuth von Schleiz nach Hirschberg und Schleiz- Juchhöh - Hof. (2 km von Juchhöh).

Imbiß vorhanden, Gasthaus in Juchhöh.

Badesee Auental-Joditz, Untreusee in Hof, Freizeithallenbad „Hof-Bad".

57

Bischofsheim a.d. Rhön: Schlitten- und Skifahren am Kreuzberg

Neben dem Fichtelgebirge und dem Frankenwald ist auch in der Rhön fast in jedem Winter über mehrere Wochen hinweg Wintersport möglich. In der bayerischen Rhön ist es der am südlichsten gelegene Kreuzberg, dessen Wintersporthänge einerseits gut erreichbar sind, zum anderen nach Schwierigkeit variable Sportmöglichkeiten bieten.

Besonders an den Hängen um den Gasthof „Roth", etwa 1 km unterhalb des Klosters Kreuzberg, ist neben leichten Skiabfahrten auf einem ausgedehnten baumlosen Hang auch Schlittenfahren möglich, wobei verschiedene Steigungen zur Wahl stehen.

Am längsten ist eine Abfahrt entlang des Wanderweges nach Bischofsheim, wobei man diese jedoch möglichst am Beginn des Waldes beenden sollte, denn der Waldweg enthält vereiste Stellen, Wurzeln und Abbruchkanten und sollte auf keinen Fall von Kinder befahren werden. Oberhalb des Gasthofs „Roth" gibt es auch eine Kinderskischule und einen Ski-Kindergarten. Kinder können dort jedoch auch auf eigene Faust abfahren.

Toureninfos

i Verkehrsverein 97653 Bischofsheim a.d.Rh., Tel. 09 722 /14 52.

Ski- und Rodelhänge außerhalb der Skischule frei zugänglich.

P Je ein Parkplatz unterhalb und oberhalb des Gasthofs Roth auf der linken Seite der Straße.

Skifahren und Rodeln gut: Der Kreuzberg in der bayerischen Rhön

Buslinie 8305 Bad Neustadt - Bischofsheim (Am Sonntag mehrere Busse bis zum Kreuzberg). Buslinie 8057 Bad Neustadt - Bad Brückenau (am Wochenende einige Busse bis zum Kreuzberg), Buslinie 8250 Mellrichstadt - Bischofsheim.

Aufstieg von Bischofsheim über Haselbach (Kniebreche) bei geringer Schneehöhe in etwa einer Stunde möglich.

Mehrere Gasthöfe am und unterhalb des Klosters Kreuzberg.

58

Fladungen: Fränkisches Freilandmuseum

Das Freilandmuseum in Fladungen bietet einen Einblick in die dörfliche Kultur Unterfrankens. Auf 12 ha Freifläche findet man historisch wertvolle, voll eingerichtete Bauernhäuser und -höfe, Handwerkerhäuser, ein Tagelöhnerhaus, eine Dorfschule mit einem Klassenzimmer um 1870, Getreide- und Ölmühlen, eine katholische Kirche, ein funktionstüchtiges Brauhaus. Alle Gebäude wurden in verschiedenen Dörfern abgebaut und im Museumsgelände wieder originalgetreu zu einer Dorflandschaft aufgebaut. Zwischen den Gebäuden findet man Ställe und Gehege mit Nutztieren, in Bauern- und Gewürzgärten wachsen nützliche Pflanzen. An mehreren Wochenenden im Jahr finden Sonderveranstaltungen mit landwirtschaftlichen und handwerklichen Vorführungen statt.

Zum Museum kann man an vielen Wochenenden vor allem mit dem museumseigenen „Rhönzügle“, das teils mit einer Dampflok betrieben wird, von Ostheim v. d. Rhön bis direkt zum Museum fahren. (Fahrplan anfordern!). Zum Museum gehört auch das 400 Jahre alte Wirtshaus „Zum schwarzen Adler“ und ein Rhöner Bauernladen.

In Fladungen ist darüber hinaus das Rhön-Museum einen Besuch wert, in dem ein Einblick über Kultur und Volkskunst der Rhön gegeben wird. Vor allem die Erzeugnisse der Rhöner Holzschnitzkunst sind zu bewundern (Öffnung: April-Okt: Di-So 10.00-16.30 h).

Toureninfos

Fränkisches Freilandmuseum Fladungen, Bahnhofstraße, 97650 Fladungen, Tel. 09 778 / 912 30-0, Fax 912 345

April-Ende Okt: Di-So 9-18 h.

Erwachsene 3,00 €, Kinder 2,00 €, Kinder unter 6 Jahren frei. Familien 8,00 €.

Fahrtage und Fahrplan des „Rhönzügle" von Ostheim v.d.- Rh. auf Anfrage. Fahrpreise: Erwachsene 7,50 €, Kinder 5,00 €, Familien 17,00 € hin und zurück mit der Dampflok, an Diesellok-Tagen billiger. Anschlusskarten zur DB-Bahnlinie (Bahnhof Mellrichstadt) erhältlich.

Am Museum.

Bus 8153 Bad Neustadt - Mellrichstadt - Fladungen.

Museumsgaststätte vorhanden.

Freibad in Fladungen, Ostheim v.d. Rhön.

59

Wandern im Schwarzen und Roten Moor

Variante a: Durch das „Schwarze Moor" führt ein 2,2 km langer Rundweg auf Holzbrettern, von dem aus man einen Einblick in die verschiedenen Abschnitte des Moores wie Hochmoor, Niedermoor, Mooraugen (Kolke) und deren Vegetation gewinnt. Mehr als 20 Tafeln erläutern den Aufbau eines Moores. - Am Eingang findet sich ein Hinweis auf die zeitweilige Nutzung des Moores und seiner Umgebung durch den Reichsarbeitsdienst, über den Versuch mit Arbeitsdienstlern und Fremdarbeitern das Moor zu entwässern und als landwirtschaftliches Gelände zu kultivieren.

Variante b: Vom Parkplatz „Moordorf" an der Bundesstraße 279 zwischen Ehrenberg und Bischofsheim geht ein Weg vorbei an einem Moorsee in das „Rote Moor". Man geht inmitten des sumpfigen Bodens auf einem Holzsteg durch urwaldähnliches Gelände, das vor allem aus Karpatenbirken besteht, bis man zu einem Aussichtsturm

gelangt. Ein Lehrpfad erklärt dabei die typische Vegetation der seit vielen Jahren unberührten Landschaft und den Aufbau des Moores.
Der Moorweg führt zugleich als Wanderweg weiter zur Wasserkuppe. An der anderen Seite der Bundesstraße 279 gelangt man vom Parkplatz „Moordorf" aus nach etwa 2 km auf den Heidelstein, der höchsten Erhebung der Langen Rhön mit dem weithin sichtbaren rotweiß geringelten Fernsehsender.

Toureninfos

Gemeinde 36115 Ehrenberg, Tel. 06 683 / 96 01-0

Ständig zugänglich.

Schwarzes Moor: An der Straße Ehrenberg - Seiferts nach Fladungen nahe deren Kreuzung mit der von Bischofsheim kommenden Hochrhönstraße; Rotes Moor: Am Parkplatz Moordorf an der Bundesstraße 279 von Bischofsheim nach Tann nahe der Paßhöhe und hessisch-bayerischen Grenze.

Schwarzes Moor: Bus 8153 Bad Neustadt - Fladungen. Von Fladungen 5 km zu Fuß.

Gaststätte „Sennhütte" (Schwarzes Moor),
Gaststätte „Rhönhäusle" (Rotes Moor).

Freibäder in Ehrenberg-Wüstensachsen, Fladungen, Bischofsheim a.d. Rhön, Gersfeld.

60

Bad Brückenau: Freizeitbad „Sinnflut"

Das Freizeitbad am Rande der Altstadt des Kurortes Bad Brückenau am namensgebenden Fluss Sinn gelegen bietet mit einer Riesenrutsche, dem Erlebnisbecken mit Strömungskanal, Massagedüsen, einem Wasserfall u.a. ein abwechslungsreiches Badeerlebnis.

Es locken ein 25-Meter-Innen- und Außenbecken für Schwimmer und Nichtschwimmer mit 30 Grad Wassertemperatur und ein Mineralbecken zum Entspannen mit 34 Grad. Für die Kleinen gibt es noch einen Wasserpielgarten im flachen Becken von 32 Grad, daneben einen Wickelraum.

Toureninfos

Freizeitbad „Sinnflut“ Bad Brückenau, Am Gänserain 2, 97769 Bad Brückenau, Tel. 09 741 / 91 12 55.

Täglich 10-23 h.

Erwachsene 5,00 €, Kinder 3,50 €.

Parkplätze an der Sinnbrücke vorhanden.

Buslinien 8054 Fulda - Bad Brückenau, 8056 Jossa - Bad Brückenau, 8057, 8176 Bad Neustadt - Bad Brückenau,Bus 1075 Bad Neustadt - Frankfurt, 8113 Bad Kissingen - Bad Brückenau.

Gaststätte im Bad, zahlreiche Gaststätten in der Stadt.

Im Schloss Aschach über der Fränkischen Saale sind interessante Museen untergebracht (Tour 62)

61

Bad Kissingen: Wildpark Klaushof

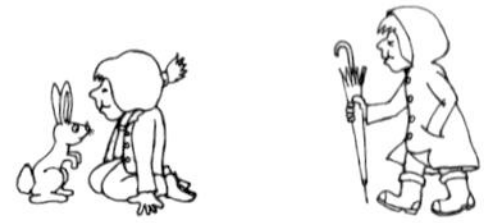

Im Wildpark inmitten alter Wälder, 3 km oberhalb Bad Kissingens, leben in einem Freigehege von rund 30 ha zahlreiche Vertreter der Wild- und Vogelarten Frankens. Vor allem ist Rotwild und Damwild zu beobachten, aber auch Luchse, Frettchen, Wildschweine, Marder, Füchse, Wildkatzen und Waschbären trifft man an. Die Tiere des Streichelgeheges können auch von den Kindern mit gekauftem, auf die Bedürfnisse der Tiere abgestimmten Futter gefüttert werden. Im Streichelzoo leben vor allem Meerschweinchen, Zwerghasen, Ziegen, Schafe und Esel.

Ein Erlebnis für Jung und Alt ist auch die Fahrt mit dem elektrischen Bähnchen von Bad Kissingen zum Klaushof. Auf der anderen Straßenseite lädt ein Restaurant mit Terrasse und Biergartenbetrieb zum Verweilen.

Toureninfos

Städtische Forstverwaltung Bad Kissingen, Tel. 09 71 /80 70 oder 80 71 77 oder 09 71 / 63 737. -
Kleinbahngesellschaft Bad Kissingen, Tel. 09 71 / 58 19.

April-Okt täglich von 9-17.45 h, Nov-März 9-16.30 h, bis 31.5.: Dienstag Ruhetag.

Erwachsene 1,30 EUR, Kinder 0,80 EUR, Familie 3,00 EUR.

Parkplatz vorhanden.

„Kurbähnle“ von Bad Kissingen, Kurzentrum: März: stündlich ab 12.00 Uhr, sonntags ab 11.00 Uhr, April-Oktober: stündlich 10-17 h. – Rückfahrt jeweils um halb.

Forsthaus Klaushof mit Terrasse und Biergarten.

Freibad, Hallenbad Bad Kissingen.

62

Bad Bocklet-Aschach: Schulmuseum

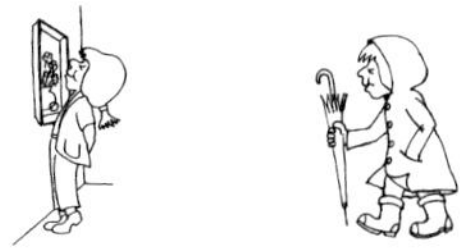

Das Schulmuseum Schloß Aschach ist Teil eines Museumskomplexes, zu dem auch das im Schloß selbst untergebrachte Graf-Luxburg-Museum und ein in der Zehntscheune sich befindliches Volkskundemuseum gehört. Das Schulmuseum wurde - im Unterschied zu den meisten Schulmuseen - nicht in einem alten Schulhaus, sondern im ehemaligen Förster- bzw. Gärtnerhaus eingerichtet. In den sieben Räumen des Erdgeschosses finden sich ein historischer Schulsaal aus der Kaiserzeit, ansonsten eine Sammlung von ausgewählten Lehrmittel für den Schreib-, Lese- und Heimatkundeunterricht. Ein Überblick über die Ausbildung der Lehrer und schulgeschichtliche Dokumente ergänzen die Ausstellung.

Die Eintrittskarten berechtigen zum Eintritt in alle drei Museen, wobei auch im Volkskundemuseum mit den Abteilungen „Das bäuerliche Jahr" und „Bäuerliche Wohnkultur" interessante Stücke für Kinder zu sehen sind. Außerhalb des Geländes steht noch ein altes Backhaus. Im Luxburgmuseum sind herrschaftliche Einrichtungen zu bewundern. Dem Schloß ist ein Restaurant angegliedert.

Toureninfos

Schulmuseum Bad Bocklet-Aschach im Schloß Aschach, Schloßstr. 24, 97708 Bad Bocklet, Tel. 09 708 / 358 u. 61 42, Fax 09 708 / 61 04.

Mai-Sept: Di-So 14-18 h, Okt: 14-17 h.

Erwachsene 3,00 €, Kinder 1,50 € (mit Graf-Luxburg-Museum), Kinder unter 6 Jahren haben freien Eintritt. Karten gibt es nur für alle drei Museen zusammen.

Parkplatz unterhalb des Schlosses.

Linienbus von Bad Kissingen und Bad Bocklet. ÖVF-Buslinie 8142 Bad Kissingen-Burkardroth, Privatbuslinien nach Bad Bocklet-Aschach.Postkutschenfahrt möglich. Auskunft beim Postamt unter 0971/938159.

Im Museumskomplex Schloß Aschach, in Aschach.

Bad Kissingen (Freibad, Hallenbad), Bad Bocklet.

63

Thulba: Wasserskianlage an der Thulba

In einem kleinen Stausee im Tal der Thulba besteht neben der Möglichkeit zum Schwimmen auch die seltene Gelegenheit zum Wasserskifahren an einer automatischen Seilzuganlage, die auch für größere Kinder geeignet ist. Die Ausübung des Sports geschieht auf eigene Verantwortung. Am Ufer befinden sich auch einige Spielgeräte für kleinere Kinder.

Toureninfos

Wasserskizentrum Franken, Untere Au 5, 7723 Oberthulba-Thulba, Tel. 09 736 / 47 26 o. 01 71 / 75 81 981, Fax 07 36 / 13 52

(genaue Daten jährlich wechselnd entsprechend den Ferienterminen, bitte erfragen) z.B. für 2003: 14.4 bis 6.: Mo-Fr 15-19 h, Sa, So: 12-19 h; 7.6-22.6: 12-10 h, Sa, So 10-20 h; 23.6-25.7: Mo-Fr 14-20 h, Sa, So 11-20 h; 26.7-8.9: Mo-Fr 12-20 h, Sa, So 10-20 h; 9.9-2.10: Mo-Fr: 15-19 h, Sa, So 10-19 h

entsprechend einem Punktesystem: Schnupperkarte 6,00 € für Erwachsene und 4,00 € für Kinder. Zeitkarten: 1 Stunde: Erwachsen 14,00 €, Inder 12,00 € für Wasserski, Erwachsene 20 € und Kinder 17 € für Wakeboard einschließlich des Geräts. Möglichkeiten, Anzüge zu leihen.

P An der Anlage.

Bus 8141 Bad Kissingen - Hammelburg.

Am See.

64

Stadtlauringen-Fuchsstadt: Ellertshäuser See

Der etwa 33 ha große Stausee, der größte in Unterfranken, mit einer Breite von bis zu 370 m, einer Tiefe von 14,5 m und einer Uferlänge von 4 km hat sich längst als Naherholungsgebiet bewährt, auch wenn man darauf verzichtet hat, großartige Freizeit- und Vergnügungsanlagen zu bauen. Es besteht eine Badeanlage und ein Bootsverleih, der zumindest am Wochenende geöffnet hat. Um den See führt ein etwa einstündiger Spaziergang. Das Restaurant mit schattiger Terrasse an der Straße nach Fuchsstadt hat täglich geöffnet.

Erholsames Badevergnügen am Ellertshäuser See

Toureninfos

Gemeindeverwaltung, 97488 Stadtlauringen,
Tel. 09 724 / 20 25.

See frei zugänglich.

Am Gelände.

Haltestelle Stadtlauringen der Linie 8170 Schweinfurt - Bad Königshofen (5 km entfernt), Haltestelle Ebertshausen der Linie 8132 Schweinfurt - Ebertshausen (3 km), Haltestelle Ebertshausen oder Altenmünster der Linie 8172 Schweinfurt - Stadtlauringen (3 km).

Restaurant am See, weitere in Fuchsstadt, Reichmannshausen und Stadtlauringen.

65

Schweinfurt: Erholungsanlage „Drei Eichen"

Am Stadtwald nahe der nach Bad Königshofen führenden Straße hat das Städtische Forstamt einen Waldspielplatz und einen kleinen Tierpark eingerichtet. Kinder können an selbstgebauten Holzgeräten turnen, herkömmliche Spielgeräte benutzen, Tischtennis und Minigolf spielen, sich in einem Planschbecken mit Wassersprühanlage erfrischen.

Ein schöner ebener Waldweg führt an mehreren Tiergehegen vorbei. Dort findet man Damwild, Rotwild, Wildschweine, Greifvögel, Eulen, Esel. Das „Sommerbad" ist nur wenige Meter entfernt.

Toureninfos

Städtisches Forstamt, Tel. 09 721 / 51 500, 51 502.

Das Gelände ist jederzeit frei zugänglich.

Am Gelände neben der Straße nach Bad Königshofen.

Stadtbusverbindung, Linie Hochfeld, Haltestelle „Waldspielplatz"

Städtisches Sommerbad (200 m entfernt).

66

Burg und Burgruine Lichtenstein

Die Burgruine Lichtenstein, 130 m über dem Tal gelegen, entstand bald nach 1200 und wurde 1232 erstmals erwähnt. Im 14. Jahrhundert wurde sie als Ganerbenburg in mehrere Teile geteilt und später mehrfach erweitert. Ab dem 16. Jh. verfiel die Burg zu einer Ruine. Seit Ihrer Restaurierung 1998 ist die Ruine gegen Eintritt zugänglich. Um die in Felsen eingebettete Burg herum befindet sich ein Rundweg mit mehreren Felsen, die Gelegenheit zum wenngleich nicht ganz gefahrlosen Klettern geben, denn im Wald ist der Stein rutschig.

Die Burg Lichtenstein, die heutige „Südburg", entstand mehr als ein Jahrhundert später. Auch sie war eine Ganerbenburg, d.h. im Besitz mehrerer Geschlechter. Immer wieder kam es zu Erweiterungen. Seit Mitte des 19. Jh. ist sie im Besitz der Freiherren von Rotenhan und ist bewohnt und somit nicht zugänglich. Der Burggasthof bietet Gelegenheit zur Einkehr und Übernachtung.

Nicht weit davon liegt der hufeisenförmige „Teufelsstein" mit den Resten einer Burg, einem sogenannten Burgstall. Auf der Gipfelfläche des Felsens ist ein Mühlebrett eingeritzt, von dem die Sage ging, daß hier ein Ritter den Teufel im Spiel besiegt haben soll. An einer Felsenwand ist ein Wächtergesicht mit Spitzhelm eingeritzt. Diese Zeichnungen haben Anlaß zu Spekulationen über eine frühere kultische Nutzung gegeben, wofür jedoch glaubhafte Belege fehlen.

Burg und Burgruine Lichtenstein liegen am „Burgenkundlichen Lehrpfad Haßberge", zu dem auch die nahen Burgen Altenstein, Rotenhan, Raueneck und Bramberg gehören. Nähere Beschreibungen finden sich in einem Sonderprospekt „Burgenkundlicher Lehrpfad Haßberge", der beim Fremdenverkehrsamt Haßberge erhältlich ist.

Toureninfos

Prospekt „Burgenkundlicher Lehrpfad Haßberge".
Fremdenverkehrsamt Haßberge, Obere Senningstraße 4,
97461 Hofheim i. Ufr., Tel. 09 523 / 92 29-0, Fax -267.
Führung: Tel: 09 535 / 98 10 73 (Hufnagel) und 09 535 / 602 (Ruhnau)

Ende April-Ende Okt, Sa, So 11-18 h, Sonderführungen möglich, Felsengarten frei zugänglich

Eintritt 1,50 EUR, Kinder 1,00 EUR

in Lichtenstein

Buslinie 8221 Ebern - Maroldsweisach, Haltestelle Pfarrweisach, Abzweig Burgpreppach, von hier zu Fuß 3 km, Bahnlinie Bamberg - Ebern (von Ebern 7 km).

Gaststätte in Lichtenstein.

Freibad, Hallenbad in Ebern, Erlebnisbad Zapfendorf.

Bad Königshofen-Sambachshof: Märchenwald Sambachshof

Der Sambachshof liegt im Naturpark Haßberge, 6 km südlich von Bad Königshofen inmitten eines umfangreichen Waldgebiets. Ringsum kann man sich in einer Wiesen- und Waldlandschaft mit einzelnen Teichen ergehen, deren Idylle nur durch den Parkplatz gestört wird.

Im Märchenpark „Sambachshof" finden die Kinder sprechende und bewegliche Figuren aus den Märchen der Brüder Grimm. Außerdem gibt es eine Western City mit Saloon und Goldwäscherei, einen Kinderspielplatz und Autoscooter, Gelegenheit zur Bootsfahrt in einem kleinen Teich, zum Ponyreiten und dem Fahren mit einer Oldtimer- Eisenbahn. Erfrischen kann man sich in einem geräumigen Café oder in geringer Entfernung vom Gelände in einem Hotel mit Gartenwirtschaft. Erwähnt werden sollte auch, daß Kinder keinen ermäßigten Eintritt in den Märchenpark genießen.

Toureninfos

Märchenwald Sambachshof, 97631 Bad Königshofen, Tel. 09 761 / 26 14.

Ostern bis Ende Oktober.

5,00 € für alle, Fahrgeräte inbegriffen.

Parkplatz am Märchenpark.

6 km vom Busbahnhof Bad Königshofen.

Gaststätte direkt am Märchenpark, eine weitere 100 m entfernt.

Hallenbad, Freibad Bad Königshofen, Ellertshäuser See.

Bad Königshofen: Vorgeschichtsmuseum (Archäologisches Museum)

In der „Schranne“, dem ehemaligen Getreidespeicher von 1693, hat man 1988 das Vorgeschichtsmuseum als Zweigstelle der bayerischen prähistorischen Sammlungen eingerichtet. Auf drei Stockwerken kann man Ausstellungstücke aus der Frühgeschichte der Grabfeldregion von der Steinzeit bis zum frühen Mittelalter ansehen. Doch es werden nicht nur Fundstücke gezeigt, sondern die Museumsmacher haben auch versucht, mit Modellen und Abbildungen den Zusammenhang der Funde zu veranschaulichen. So findet man eine hölzerne Bohrmaschine, mit der mittels Drehbewegungen eines Holunderstockes auf Quarzsand Löcher in die Steine gebohrt wurden, was auch die Kinder bei Führungen selbst ausprobieren können. Solche Führungen werden vom „Museumpädagogischen Zentrum“ für Gruppen von 5-50 Menschen angeboten.

Gezeigt werden auch Bestattungssitten, etwa ein Hockgrab mit Skelett oder ein lebensechtes Modell der Bestattung eines Kriegers in einem Wagen. Aus der Bronzezeit werden vor allem Schmuck und Grabbeigaben gezeigt. Auch der Latènezeit mit vielen keltischen Funden in Unterfranken ist eine Abteilung gewidmet, die in Verbindung zum Steinsburgmuseum im nahen Römhild steht, wo interessierte Kinder weiter „forschen“ können. Dokumentiert werden im Grabfeldmuseum auch die römische Kaiserzeit, das Eindringen der ersten Germanen (interessant das Pferdegrab aus der Zeit der thüringischen Besiedelung mit zwei echten Pferdeskeletten), dann das Vordringen der Franken in den Grabfeldraum und Funde aus dem frühen Mittelalter.

Toureninfos

i Archäologisches Museum, Martin-Reinhard-Str. 9, 97631 Bad Königshofen. Tel. 09 761 / 40 934, Fax 40 950.

April-Okt: Di-So 10-12 h u. 14.30 h-16.30 h, Nov-März: Di u. Do 10-12 h.

Erwachsene 2,00 €, Kinder 1,00 €.

Kurzparkplätze im Stadtzentrum. Großparkplätze am Stadtrand (ausgeschildert).

Buslinie von Bad Neustadt und Coburg (8303, 8304), von Schweinfurt (8170).

Bad Königshofen (Hallen-, Freibad), Ellertshäuser See (64).

69

Römhild: Steinsburg-Museum, Kleiner Gleichberg (Steinsburg)

Die beiden Gleichberge sind Basaltkegel im fränkisch-thüringischen Grenzgebiet des Grabfeldes. Erste Spuren der Besiedelung reichen 8000 Jahre zurück. Zuerst ließen sich Bauern der Jungsteinzeit nieder, danach gab es Hügelgräber der Urnenfelderzeit. Auf dem Kleinen Gleichberg, auch Steinsburg genannt, wurde auf künstlichen Terrassen eine keltische Stadt (Oppidum) angelegt, die von drei, zum Teil heute noch sichtbaren, Mauerringen umgeben wurde. Die Außenmauer hatte einen Umfang von 3 km und schloß eine Fläche von 66 ha ein. In der dahinterliegenden Stadt gab es Wohnhäuser, Stallungen, Speicher und Werkstätten. Im ersten Jahrhundert vor unserer Zeitrechnung wurde die Stadt verlassen. Später stand dort eine Kirche, deren Grundriß noch zu sehen ist.

An der Westseite finden sich große Basaltgeröllfelder, von der Ostseite genießt man eine von vielen Dichtern (u.a. F. Hölderlin) gerühmte Aussicht. Die Steinsburg ist vom Parkplatz beim Museum in einem steilen Anstieg von weniger als einem Kilometer zu erreichen.

Die Funde auf dem Kleinen und Großen Gleichberg sind in einer recht anschaulichen Ausstellung im Steinsburgmuseum im Sattel zwischen den beiden Bergen gelegen, ausgestellt. Mit Modellen, Graphiken, Fotos sind die Funde auch für größere Kinder gerecht aufgearbeitet.

Man unternimmt einen Gang durch die Frühgeschichte von der Mittelsteinzeit über die Bronze-, zur Eisenzeit, erlebt Funde aus der Urnenfelderzeit und der Latènezeit. Eine große Zahl der Funde aus dem keltischen Kulturkreis sind Fibeln, das sind Spangen zum Verschließen der Gewänder, oft mit Vogelköpfen verziert, und bronzene Reife für Arme, Hals und Beine. Auch befindet sich dort ein Modell der Steinsburg, ein lebensgroß nachgestellter keltischer Krieger, der recht modern gekleidet scheint, sowie die dazugehörigen Schwerter und Lanzen.

In der Töpferstadt Römhild, einst Hauptstadt des Herzogtums Sachsen-Römhild, ist im Schloß Glücksburg darüber hinaus noch ein Museum zur Ortsgeschichte mit vielen Keramikstücken zu besichtigen. Unterhalb der Steinsburg liegt der Rother Stausee mit Badegelegenheit.

Toureninfos

Steinsburgmuseum, Waldhaussiedlung 8, 98631 Römhild,
Tel. 036 948 / 205 61 Fax 205 61.

Täglich 9-17 h.

Erwachsene 2,00 €, Kinder 0,50 €.

Am Museum, Ortsteil Waldhaus, am Paß zwischen den Gleichbergen, direkt an der Straße Römhild - Hildburghausen.

Buslinie Hildburghausen - Römhild, Haltestelle „Waldhaus".

Restaurant am Museum.

Freibad Römhild, 2 km zw. Römhild u. Museum; Rother See, unterh. des gr. Gleichbergs im Roth, ca 2 km zu Fuß entfernt.

Die beeindruckende Ruine der Henneburg

70

Henneberg: Henneburg und Grenzmuseum

Direkt an der fränkisch-thüringischen Grenze läßt sich ein Blick in zwei Phasen der Geschichte werfen. Über dem thüringischen Ort Henneberg an der Straße Mellrichstadt - Meiningen erhebt sich die Ruine der Henneburg, der Rest des Stammsitzes des fränkischen Geschlechts der Henneberger, das bis ins 16. Jh. großen Grundbesitz bis zum Main hin hatte. Ein markierter Fußweg führt vom Ort bzw. von dem oberhalb der Schule gelegenen Parkplatz in 15 Minuten auf das ausgedehnte Burggelände.

Der mächtige, aber nicht allzu hohe Rest des Bergfrieds kann gefahrlos mit einer Außentreppe bestiegen werden, so daß man einen Blick auf den Thüringer Wald, und im Winter, wenn die belaubten Baumkronen nicht den Blick verstellen, auch auf die Rhönberge werfen kann.

Zwischen den Burgmauern ist ein ausgedehntes flaches Gelände mit Mauerresten und kleinen Durchgängen, so recht zum Spielen der Kinder geeignet.

Von dem Parkplatz oberhalb Hennebergs, an der Abzweigung der Straße nach Einödhausen, führt in entgegengesetzter Richtung ein Weg auf die „Schanz", der Paßhöhe zwischen Unterfranken und Thüringen, wo einst die Grenze zur DDR lag. Dort hat man auf beiden Seiten der B 19 eine Reihe von Grenzgebäude erhalten, so Baracken, einen Wachturm und Grenzzäune.

Schüler von Berufsschulen aus Unterfranken und Thüringen haben eine 16 m lange, 8 m hohe „Goldene Brücke" aus Holz über den ehemals meiningisch-bayerischen Grenzstein errichtet, die mit Bronzefarbe angestrichen ist. Unterhalb der Grenzanlagen Richtung Mellrichstadt befindet sich auch ein Parkplatz.

Toureninfos

Gemeinde 98617 Henneberg, Tel. 036 945 / 572 16.

Burg und Grenzanlagen sind jederzeit frei zugänglich.

Parkplatz oberhalb der Schule von Henneberg direkt an der Abzweigung nach Einödhausen.

Busverkehr der Meininger Busbetriebe von Meiningen nach Henneberg.

Gaststätte in Henneberg.

Mellrichstadt, Meiningen, Freibäder und Hallenbäder.

71

Würzburg: Kinder- und Jugendfarm

Im „Leistengrund", am Fußweg „Jugendpfad" von der Leistenstraße zur Marienburg, befindet sich die „Kinder- und Jugendfarm", eine Einrichtung des Stadtjugendamtes Würzburg. Zwischen Büschen, einem Bach und einem Teich gibt es Hütten zum Werkeln und genügend Bauholz zum Errichten neuer Hütten.

Die Kinder können Gänse, Ziegen, Ponys, Kälber, Kühe, Hühner, Hasen und Tauben sehen, die Tiere putzen, füttern und streicheln sowie ein Pony reiten. Auf Brettern kann man einen Abhang hinuntergleiten. Unter Aufsicht besteht die Möglichkeit vielerlei kleiner Spielabenteuer, wobei die Kinder nicht unbedingt ihre beste Kleidung anziehen sollten. Ein Spaziergang zur Burg kann sich anschließen.

Toureninfos

Kinder- und Jugendfarm, Leistenstraße Würzburg, Tel: 09 31/ 76 399.

ab 2.4.: Mi-Fr 14-18 h, Sa 10-15 h, Ferien: Mo-Fr 10-16 h.

1,50 €.

Stadtbus 17, Richtung Höchberg, Haltestelle Winterleitenweg.

Nur wenige Parkplätze an der Straße.

Erlebnisbad „Nautiland", Freibad am Dallenberg.

72

Sommerhausen: Wildpark

Oberhalb der Weinberge des berühmten Weinstädtchens Sommerhausen liegt in einem Waldstück der kleine Tierpark. Dort leben vor allem einheimische Tiere. Neben Dam- und Rotwild sind es u.a. Wildschweine, Mufflons, Schafe, Esel, Pferde, Hängebauchschweine, Kaninchen, Frettchen, Füchse, Pfauen und andere Hühnervögel.

Ein großer Spielplatz mit Schaukeln, Rutschen, Seilbahnen bietet den Kindern weitere Unterhaltung, an einem Kiosk kann man Getränke und Verpflegung erstehen.

Toureninfos

Wildpark, Telefon 09333 / 90 28 10, Fax 09 333 / 90 27 98.

März-Nov: täglich 10-18 h.

Kinder 1,30 €, Erwachsene 2,60 €.

Am Gelände. Zufahrt von Straße Sommerhausen - Kitzingen oder vom südlichen Ortsende, bergauf.

Kiosk am Gelände, Restaurant 200 m entfernt.

Würzburg, Freizeitbad „Nautiland“, Freibad am Dallenberg, Freibad Ochsenfurt.

73

Gemünden am Main: Unterfränkisches Verkehrsmuseum

Das Verkehrsmuseum wurde 1988 im Huttenschloß von 1711 eröffnet. Es trägt der Rolle Gemündens als Eisenbahnknotenpunkt und Stadt am Main Rechnung, indem es Eisenbahnwesen, Schiffahrt und Fischerei in den Mittelpunkt stellt. Hinzu kommen der Straßenverkehr und mittelfristig auch die Telekommunikation und die elektrische Überlandversorgung.

Die Abteilung Schiffahrt enthält Modelle von Mainschiffen, Original-Schiffahrtsgeräte wie Anker und eine Darstellung der Geschichte der Mainschiffahrt. Ihr wurde eine Unterabteilung Fischereiwesen angegliedert, da Schiffer, Fährleute und Fischer ursprünglich personell identisch waren. Die Gemündener Fischerzunft stellte dem Museum Fanggeräte und Zunftrequisiten zur Verfügung.

Im ersten Obergeschoß befindet sich die Darstellung der unterfränkischen Eisenbahngeschichte mit großen Streckendioramen. Dazu kommt eine Ausstellung von Modellen fast aller deutschen Lok-Bauarten. Im zweiten Obergeschoß wird vorübergehend eine Ausstellung des Nürnberger Postmuseums, vor allem mit historischen Briefkästen, gezeigt. Auch eine Sammlung alter Motorräder ist zu sehen, die „heißen Öfen" vergangener Zeiten sollen ein Schwerpunkt des Museums werden. Im Museumshof sind alte Lokomotiven, eine Güterzug-Dampflok von 1941, eine Schnellzuglok von 1935, eine Diesellok von 1955 sowie rostige Mainschiffe und Schiffsschrauben zu sehen.

Toureninfos

Unterfränk. Verkehrsmuseum, Huttenschloß, Frankfurter Str.2, 97737 Gemünden, Tel. 09 351 / 80 01 50 (Kasse), 80 01 26 (Leitung) Fax 80 01 60.

1.4-Ende Okt.: 9-12.30 h, 13.30-17 h, Sa 10-13 h;
Nov-Ende März: Mo-Fr 10-12.30 Uhr, 13,30-17,30 h.

Erwachsene 1,50 €, Kinder 0,75 €.

Die dem Museum gegenüberliegenden kleine Straße führt zu einem Parkplatz.

Bahnstation der DB-Linien 800 Aschaffenburg -Würzburg , 802 Fulda - Gemünden und 803 Bad Kissingen - Gemünden, dazu Buslinien.

Schwimmbad an der Saale, wenige Meter entfernt.

74

Gössenheim: Ruine Homburg

Die oberhalb von Gössenheim und Karsbach gelegene Homburg ist eine der größten Burganlagen Frankens. Sie wurde im 11. Jh. erbaut, besteht aus der Hauptburg und einer Vorburg. Die Fläche zwischen den Burgen, der begehbare Burggraben wie auch die weite versteppte Muschelkalkfläche um die Burg mit kleinen Schluchten, Wäldchen und Kalksteinabbrüchen eignen sich zum Herumtollen und Spielen. Zur Blütezeit seltener Pflanzen wie der Küchenschellen im März/April sollte man allerdings auf den Wegen bleiben. Eine gemütliche Wirtschaft „Beim Schoppenfranz" mit Terrasse und Blick auf Weinhänge lädt zur Einkehr.

Toureninfos

Gemeinde Gössenheim, Telefon 09358/356.

Frei zugänglich.

Parken am Burggelände, 100 m Fußweg zur Burg.

Buslinie 8060 Gemünden - Karlstadt: Halt in Gössenheim, Buslinie 8154 Gemünden - Hammelburg, Halt in Gössenheim oder Karsbach; DB-Station Wernfeld der Linie Gemünden - Würzburg, 7 km entfernt.

Gaststätte am Parkplatz.

Bäder in den umliegenden Städten Gemünden, Karlstadt und Lohr und Hammelburg.

75

Lohr: Schulmuseum

In einer ehemaligen Dorfschule im Lohrer Ortsteil Sendelbach ist von Lehrer Eduard Stenger und Mitarbeitern auf 300 qm Ausstellungsfläche in drei Stockwerken ein Schulmuseum aufgebaut worden. Zwei vollständig eingerichtete Klassenzimmer sind zu sehen, eines aus der Kaiserzeit, eines aus der Zeit des Nationalsozialismus, wie überhaupt diese Zeit hier besonders gut dokumentiert ist.

In besonderem Maße hat man bei der Konzeption dieses Schulmuseums darauf Wert gelegt, zu zeigen, wie die Schule die Gesellschaft widerspiegelt. So werden den schulischen Ausstellungsstücken auch solche aus dem Elternhaus und den Jugendgruppen der jeweiligen Zeit gegenübergestellt. Auch die unterschiedlichen Rollenanforderungen an Mädchen und Jungen kann etwa an dem hier ausgestellten Spielzeug abgelesen werden.

Eine Lehrerwohnung und die dazugehörigen Utensilien und Haushaltsbücher zeigen die heute kaum vorstellbare Armut eines Dorfschulmeisters. Anhand von vielen Klassenfotos aus alten Schulen können Kinder den Wandel der Kleidung und Körperhaltung erkennen. Für Gruppen findet eine Vorführung eines historischen Unterrichts statt.

Toureninfos

Städtisches Schulmuseum, Sendelbacher Str. 21, 97816 Lohr am Main, Tel. 09 359 / 317, 09 352 / 49 60, 09 352 / 50 02 39.

Mi-So 14-16 h.

Erwachsene 1,50 €, Schüler 1,00 €.

Im Ort Lohr-Sendelbach.

Bus 8067 Karlstadt - Lohr, Halt in Sendelbach. Bf. Lohr (3 km).

Gaststätten in der Nähe.

Freibad, Hallenbad in Lohr.

76

Lohr: Spessart-Museum

Das Spessartmuseum ist in dem in der Lohrer Stadtmitte liegenden Schloß der Grafen von Rieneck und Kurfürsten von Mainz untergebracht. Hauptaugenmerk wird in einem Museum am Rande des Spessarts, des größten Laubwaldgebietes der Bundesrepublik, auf das Verhältnis von Mensch und Wald gelegt. Nicht nur das Forstwesen und Holztransporte werden dargestellt, sondern vor allem die Holzbearbeitung, etwa durch Schreiner-, Wagner-, Drechsler-, Zimmerer- und Schiffbauerwerkstätten. Dazu kommt die Ausstellung der Gegenstände der Holzbearbeitung in ausgewählt schönen Stücken, von Alltagsgegenständen bis hin zum Holzspielzeug. Dabei wird gleichzeitig auch die Lebensweise der Menschen im Spessart, einem Armenhaus des Landes, aufgezeigt.

Neben der Holzbearbeitung ist es vor allem auch die Glasverarbeitung, die im Spessart anzutreffen war. Dabei ist ein Spiegelkabinett ein besonderer Höhepunkt. Ein Kuriosum ist hierbei zu erwähnen: der scherzhafte Versuch, Schneewittchens Herkunft nach Lohr zu da-

Schloß Johannisburg in Aschaffenburg (zu Tour 81)

tieren, mit denen ein findiger Lohrer vor einigen Jahren die Zeitungsleute in seine Stadt gelockt hat. Auch die Verwendung der Rohstoffe Eisen und Ton, vor allem am Beispiel der Töpferwaren, sowie der Beruf des Häfners (im nahen Ort Hafenlohr) werden im Keller des recht anschaulichen Museums dargestellt.

Toureninfos

Spessartmuseum Lohr, Schloßplatz 1, 97816 Lohr am Main, Tel. 09 352 / 20 61. Gedruckter Museumsführer erhältlich.

Di-Sa 10-16 h, So 10-17 h.

Erwachsene 2,50 €, Kinder: 1,50 €, Gruppenermäßigung.

Großparkplätze unterhalb der Altstadt in Mainnähe.

Bahnlinie Aschaffenburg - Gemünden.

Freibad, Hallenbad in Lohr.

77

Amorbach: Sammlung Berger

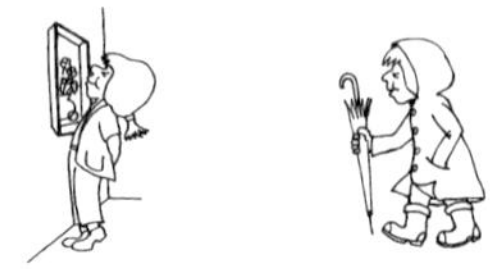

Ein Privatmuseum einer Geschenkartikelherstellerin, zwischen Kitsch und Kunst, in dem auch Kinder noch Originelles entdecken können. Das Museum enthält mit rund 2.000 Teekannen u.a. die größte Teekannensammlung Europas, es sind etwa Portraits von Lady Di, eine ganze Reihe von Tieren, Eiffeltürme, Nikoläuse, Mickeymäuse, Bügeleisen, Waschmaschinen, Autos usw. in Form von Kannen vor einem bewußt kitschig gehaltenen Hintergrund mit Vogelgezwitscher-Begleitung zu bestaunen. Doch sind auch Designer-Kannen ausgestellt.

Dazu kommt im Erdgeschoß eine bemerkenswerte Sammlung von überwiegend verspielten Werken moderne Objektkunst (Miró, Chagall, Lichtenstein, Christo, Spoerri, Rebecca Horn, dem Bücherturm von Matej Krev) und Collagen, die es auch Kindern ermöglichen, einen unbeschwerten Zugang zu Kunstwerken zu erlangen.

Dazwischen findet sich bis hin zur Toilette Kitsch aller Art, etwa eine komplette Pepsi-Cola-Sammlung mit Aschenbechern, Schildern, Bettwäsche usw. Auch eine Puppensammlung mit mehr als 350 Künstlerpuppen und Marionetten ist vorhanden, wobei gerade auf die Darstellung von „wilden" Kindern und unangepaßten „Typen" Wert gelegt wird.

Toureninfos

Sammlung Berger, Wolkmannstraße, 63916 Amorbach,
Tel. 09 373 / 99 081 oder 09 371 / 20 940, Fax 09 373 / 90 25 15.

April - Ende Okt Di-So 11-18 h.

Erwachsene 3,00 €, Schüler 2,00 €.

Straßenparkplätze in der Nähe.

DB 709 Seckach - Miltenberg, Bahnhof Amorbach, Buslinien: 5625 Walldürn - Miltenberg, 8035 Miltenberg - Amorbach.

in Amorbach

78

Obernburg: Römermuseum

Das Museum enthält Überreste der römischen Besatzung des Limeskastells Obernburg und eines benachbarten Gräberfeldes. Dazu gehören Grenzsteine, Grabsteine, eine Jupitersäule, vor allem zahlreiche große Weihesteine. Auf Schautafeln sind die Verkehrswege der Römer dargestellt. Ferner sieht man ein Modell des Limes und eines Kastells.

Im Gewölbekeller ist die Rekonstruktion eines Mitras-Heiligtums zu sehen, im Obergeschoß zahlreiche Fundobjekte aus dem Alltagsleben der Römer: Geräte, Gefäße, Münzen, Schmuck. Ihre Verwendung wird mit Schautafeln veranschaulicht. Die Vielzahl der Illustrationen geben vor allem ein anschauliches Bild des römischen Lebens.

Toureninfos

Römermuseum, Untere Wallstraße 29 a, 63785 Obernburg, Tel: 06 022 / 61 91 36.

Di-Sa 14-16 Uhr, So 10-16 Uhr.

Erwachsene 1,50 €, Kinder 1,00 €.

Parkplätze an der dem Main zugewandten Seite der Altstadt unmittelbar in der Nähe.

Bahn 802 Aschaffenburg - Miltenberg, Bahnhof Obernburg.

Freibad Obernburg, Freibad Klingenberg.

79

Klingenberg: Teddy-Museum

Das kleine, 1994 eröffnete Privatmuseum enthält große und kleine Teddybären aller namhaften deutschen Hersteller, vor allem von Steiff, die mindestens 30 Jahre alt sind. Auch über die Geschichte der Teddys, ebenso über Teddy-Comic-Figuren, über Petzi und Winnie Puuh, kann man sich informieren und sich Beispiele für den Teddy in der Werbung ansehen. Eine Abteilung unterrichtet vor allem anhand von Fotos über die Herstellung der Bären. Eine Teddy-Werkstatt ist angeschlossen, ebenso ein Verkaufsladen.

Toureninfos

Teddy-Museum, In der Altstadt 7, 63911 Klingenberg,
Tel. 09 372 / 92 11 67, Fax 92 11 96.

März bis Jan: Di-So 14-18 h.

Kinder 1,00 € , Erwachsene 2,00 €.

Parkplatz P 2 Lindenstraße, 100 m entfernt.

Zahlreiche Gaststätten im Ort.

Schwimmbad Klingenberg (beim Bahnhof) mit 95 m-Riesenrutsche.

80

Miltenberg: Schiffahrt auf dem Main

Die Stadt Miltenberg besitzt einen der schönsten Marktplätze in Franken, das „Schnatterloch". Hier steht auch eines der ältesten Gasthäuser Deutschlands. Das romantische Miltenberg ist so auch einer der beliebtesten Ausgangspunkte für die Ausflugsschiffahrt am Untermain. Es fahren u.a. die Schiffe Bacchus, Mozart, Astoria und Germania im Linienverkehr und mit Sonderfahrten und Gesellschaftsfahrten.

Weitere wichtige Ausgangspunkte für eine vergnügliche Schiffsreise auf dem Main sind u.a. Aschaffenburg, Wertheim, Lohr, Gemünden, Würzburg, Kitzingen, Volkach, Schweinfurt; für eine Regnitzfahrt Bamberg.

Toureninfos

i Reederei Henneberger, 63897 Miltenberg, Tel. 09371/3330, Fax -1406.

P Großparkplätze am Main in der Nähe der Anlegestelle.

DB-Linie Aschaffenburg - Miltenberg - Wertheim.

Bewirtung auf den Schiffen. Zahlreiche Gaststätten in und um Miltenberg.

Hallenbad, Freibad in Miltenberg. Badesee in Freudenberg.

81

Aschaffenburg: Korkmodellsammlung

In den Kunstsammlungen des gewaltigen, ehemals fürstbischöflichen Schlosses Johannisburg ist für Kinder vor allem die Ausstellung „Über die Alpen tragen" interessant. Zu sehen sind mehr als dreißig äußerst naturgetreue Korkmodelle römischer klassischer Bauwerke, die anfangs des 19. Jh. von dem Konditormeister Mai nach italienischem Vorbild hergestellt wurden. Besonders beeindrucken das rund 3 m große Modell des Kollosseums und das des Pantheons.

Wer Römisches in Originalgröße sehen möchte, kann vom Schloß durch einen schönen Parkweg zu Fuß zum Pompejanum gelangen, das König Ludwig I. nach dem Vorbild eines Hauses in Pompeji originalgetreu nachbauen ließ.

Toureninfos

Schloß Johannisburg, Schloßplatz, 63379 Aschaffenburg, Tel. 06 021 / 33 65 70, Fax 33 07 20.

tDi bis So 9-18 h

Erwachsene 2,50 €, Kinder 2,00 €.

Großparkplatz unterhalb des Schlosses, Mainseite.

Stadtbus

Freibad auf der gegenüberliegenden Mainseite.

82

Geiselwind: Freizeitland

Die schön am Waldrand des Steigerwaldes gelegene Anlage gliedert sich im wesentlichen in zwei Teile. Im Waldbereich finden sich Tiere und Pflanzen, im zur Straße gelegenen Teil die Fahr- und Schaugeschäfte. Vom Eingang kommt man zunächst zu den Volieren für Papageien, Eulen, Greifvögel, geht vorbei an Störchen, einem Vogel-Safariland mit vielen Hühnervögeln, u.a. Pfauen, die, wenn man Glück hat, auch einmal ein Rad schlagen. Im Wald kann man dann Vogelstimmen vom Band mit dazu passenden Erklärungen hören oder durch ein Waldbiotop mit heimischen Pflanzen spazieren. In diesem Bereich findet sich auch ein Streichelzoo und ein Kinderzoo. Etwas größere Kinder können in der „Ponderosa" auf Ponys das Reiten probieren.

Dreimal täglich (um 11 h,14 h, 17 h) verfolgen viele Besucher gespannt die atemberaubenden Vorführungen der „Acapulcospringer". Wer Fahrgeschäfte liebt, der kann mit einer Sesselseilbahn fahren oder in ein Bähnchen steigen, das im Drachenland zwischen Saurier-Nachbildungen dahinfährt, auf Achterbahnen dahinsausen und auf einer Wasserrutsche rutschen. Um 13 h und 16 h gibt es Zirkusvorstellungen. Natürlich werden auch in verschiedenen Imbißstationen Verpflegung und Getränke gereicht.

Toureninfos

Freizeitland 96160 Geiselwind, Tel. 09556/224.

April-Okt: genaue Tage auf Anfrage: 9-18 h, Einlaß bis 16 h.

Bis 1,10 m Größe frei; 1,10 m-1,40 m 15 €, ab 1,40 m: 18 €, freitags ermäßigt, Geburtstagskinder frei.

Am Gelände.

Bus 8111 Kitzingen - Geiselwind hält direkt am Freizeitpark.

Zahlreiche Gaststätten im Gelände.

Freibad Ebrach, Scheinfeld.

83

Kirchenburgmuseum Mönchsondheim: Fränkisches Bauern- und Handwerkermuseum

Was sind Butten, Möster, Heppen, Stüchte? Richtig geraten: Geräte aus dem Weinbau. Solche und andere Geräte aus Landwirtschaft und Handwerk mit zum Teil fast vergessenen Namen gibt es im Fränkischen Bauern- und Handwerkermuseum in Mönchsondheim zu besichtigen. In den „Gaden", den einstigen Vorratshäusern der Kirchenburg, sind mittlerweile 17 Werkstätten verschiedener Handwerker u.a. der Zimmerer, Wagner, Büttner, Steinmetze, Sattler, Bürstenmacher, Rechenmacher, Seiler untergebracht. Man erfährt etwas über die Kunst des Blaudrucks, vor allem aber über den heimischen Weinbau. Dabei werden schon die Räumlichkeiten mit den engen Treppen und niederen Räumen der dreistöckigen Gaden die Kinder interessieren.

Im alten Schulhaus ist ein Schulmuseum eingerichtet, wo ein historisches Klassenzimmer einer einklassigen Dorfschule zu besichtigen ist. Die verschieden großen Schulbänke zeigen, daß hier Kinder aller Altersstufen zusammen untergebracht waren. Im Rathaus finden sich eine Postzweigstelle mit angrenzender Wohnung und auch die Gemeindebäckerei. Die dörfliche Gastwirtschaft „Schwarzer Adler" besitzt eine Einrichtung aus den 20er Jahren. Sehenswert ist auch der Tanzsaal im Obergeschoß. Ein Gewürzgarten mit heimischen Kräutern und ein Weinlehrpfad mit dem „gemischten Satz" wurden angelegt. Die übrigen Häuser im Dorfzentrum werden in das Ensemble eingebunden und vereinen sich zu einem gewachsenen Museumsdorf.

Ein feuchtes Vergnügen im Freizeitpark Geiselwind (Tour 82)

Toureninfos

Kirchenburgmuseum Mönchsondheim, Kirchstraße 5, 97346 Iphofen-Mönchsondheim, Tel. 09 326 / 12 24, Fax 09 321 / 92 83 81 bzw. Fremdenverkehrsamt Iphofen Tel. 09 323 / 87 03 06.

Mitte März-Nov: Di-Sa 13.30 h-18 h, Sonntag 11-18 h, Aug-Okt: Di-So 10-18 h.

Erwachsene 3,00 €, Kinder ab 6 1,00 €, Familien 7,00 €.

am unteren Ortseingang gegenüber dem Friedhof.

Bahnstation Iphofen der DB-Strecke Würzburg - Nürnberg, 5 km entfernt. Haltestelle der Omnibuslinie 8101 Kitzingen - Markt Bibart und 8107 Kitzingen - Nenzenheim.

Gaststätte zum Museumsensemble gehörig.

84

Bad Windsheim: Fränkisches Freilandmuseum

Das Freilandmuseum des Regierungsbezirkes Mittelfranken ist eines der ältesten und größten in Bayern. Man hat Bauernhäuser aus den verschiedenen mittelfränkischen Landstrichen auf das Gelände „verpflanzt". Ein angenehmer, leicht hügeliger Weg, der auch mit Kinderwagen befahren werden kann, führt von einem Gebäudeensemble zum nächsten.

Die Gebäude sind begehbar, und in ihrem Inneren ist meist die originale Einrichtung zu bestaunen. Viele Stadtkinder wird es verwundern, wie niedrig die Räume und wie kurz die Betten vielfach gewesen sind. Manche Gerätschaft ist heute unbekannt, aber vielleicht können Eltern und Großeltern noch von ihrer Nutzung erzählen. An einigen Sonntagen im Sommer werden Handwerker in den entsprechenden Häusern ihre fast vergessenen Künste vorführen, dann wird auch frisches Brot gebacken und verkauft.

Seit neuestem befindet sich auch das Vorgeschichtsmuseum Bad Windsheim am Gelände, in dem man einen Blick auf eiszeitliche Versteinerungen und steinzeitliche, bronzezeitliche und eisenzeitliche Bodenfunde werfen kann. Auch Funde aus der römischen Kaiserzeit und dem Mittelalter sind ausgestellt.

Toureninfos

Fränkisches Freilandmuseum Bad Windsheim, Eisweiherweg 1, 91438 Bad Windsheim, Tel. 09 841 / 66 800 (Leitung), 66 80 40 (Kasse), Fax 66 80-99.

Di-So 9-17 h.

Erwachsene 4,50 € , Kinder 3,50 €.

Am Freilandmuseum.

Bahnhof Bad Windsheim der DB-Linie 806 Neustadt/Aisch-Steinach b. Rothenburg o.d.T.

Gaststätte am und im Museum.

Freibad, Hallenbad in Bad Windsheim.

85

Rothenburg o. d. Tauber: Museumstag

Auch für Kinder mag sich ein Stadtspaziergang in dem weltbekannten mittelalterlichen Kleinod Rothenburg o. d. T. lohnen, wo immer was „los" ist, Geschäfte geöffnet haben, Touristen aus aller Herren Länder zu sehen sind und man sogar mit japanischen Yen bezahlen kann.

Einen ausgedehnten Rundgang auf der Empore der Stadtmauer kann man sonst auch nicht alle Tage machen. Besonders sehenswert sind jedoch für Kinder auch einige Museen.

Toureninfos

Kultur- und Fremdenverkehrsamt, Marktplatz 91541 Rothenburg o.d.T., Tel. 09 861 / 404-92, Fax 86 807.

Ausgeschilderte Parkplätze rund um die Innenstadt.

Bahnhof Rothenburg o. d. T. der DB-Strecke 921 Steinach bei Rothenburg - Rothenburg.

Ozon-Hallenbad und beheiztes Waldfreibad in Rothenburg.

Puppen- und Spielzeugmuseum
In einem 1478 errichteten Haus zeigt Katharina Engel seit 1984 ihre Puppen- und Spielzeugsammlung. Auf rund 400 qm Ausstellungsfläche sind etwa 1000 Puppen und ca. 150 Puppenstuben, Kaufläden, Puppenhäuser deutscher und französischer Produktion aus den letzten 200 Jahren sowie anderes Spielzeug zu sehen. Die Ausstellungsstücke stehen recht dicht und oft wenig geordnet nebeneinander. Auf eine Kommentierung und auf Herkunftsbezeichnungen hat man in den meisten Fällen verzichtet, so daß der Eindruck eines „Sammelsuriums" von schönen Einzelstücken bleibt. Als Besonderheit finden sich große Puppenküchen und eine „Schäfertanzszene" vor den Kulissen Rothenburgs. Neben den Puppen findet sich Zinnspielzeug, Kaufläden, Bauernhöfe und Eisenbahnanlagen. In der Weihnachtszeit gibt es jedes Jahr eine Krippenausstellung

Puppen- und Spielzeugmuseum, Hofbronnengasse 11-13, 91541 Rothenburg o d.T., Tel. 09 861 / 73 30, Fax 867 48.

täglich 9.30 h -18 h.

Erwachs. 4,00 €, Kinder 1,50 €.

Mittelalterliches Kriminalmuseum
Das Kriminalmuseum befindet sich in der ehemaligen Komturei des Johanniterordens. Die Sammlungen geben einen verständlichen Einblick in das Rechtsgeschehen, in Gesetze und Strafvollzug der letzten 1000 Jahre im deutschsprachigen Raum. Besonderes Interesse der Kinder finden in der Regel die Folterinstrumente für Ehrenstrafen, darunter Schandmasken für Frauen, die tratschten, ein Rosenkranz zum Umhängen für schlafende Kirchgänger, eine Trinkertonne für notorische Wirtshaushocker, eine Doppelhalsgeige für zänkische Frauen, ein Tauchgestell für Bäcker, die zu kleines Brot backten, eine Schandflöte für falsch spielende Musikanten, eine „Eiserne Jungfrau", Keuschheitsgürtel und ein Pranger. Dazu kommen Scharfrichtermasken und Folterinstrumente wie Streckbalken, Daumenschrauben, Mundeisen sowie Hinrichtungsinstrumente.

Man sieht also beim Besuch des Kriminalmuseums, daß auch schon in vergangenen Zeiten Menschen all ihre technische Phantasie auf die Entwicklung grausamer Geräte gewandt haben.

Historisches Klassenzimmer in Mönchsondheim (Tour 83)

Mittelalterliches Kriminalmuseum, Burggasse 3-5, 91541 Rothenburg o. d. T., Tel 09 861 / 53 59, Fax 82 58.

April-Okt: täglich 9.30-18 h, Nov, Jan, Feb: 14-16 h, Dez, März 10-16 h.

Erwachsene 3,20 D€, Kinder 1,70 €.

Historiengewölbe mit Folterkammer und Verliese im Rathaus
Im Erdgeschoß des gotischen Rathauses von Rothenburg werden mit lebensgroßen Figuren Szenen aus dem Leben in der Reichsstadt während des 30jährigen Krieges nachgestellt und durch Bildmaterial ergänzt. So findet sich Wachstuben, Alchemistenstuben, eine Sitzung der Stände, die Kanzlei, dazu Gegenstände zum reichsstädtischen Kirchenwesen.

Der 30jährige Krieg spielte in der Rothenburger Geschichte eine große Rolle, sollte die evangelische Stadt doch von den katholischen kaiserlichen Truppen eingenommen und geplündert sowie die Ratsherren zum Tode verurteilt werden. Nach einer Überlieferung sollen die Ratsherren dem siegreichen Feldherren Tilly als Willkommenstrunk Wein in einem 3,5 l fassenden Humpen angeboten haben. Dieser habe Gnade angeboten, wenn es einem gelänge, diese gewaltige Menge auf einen Zug zu leeren. Altbürgermeister Nusch erbot sich und leerte den Humpen. Dieser „Meistertrunk" steht auch am Anfang der Ausstellung. Doch sieht man auch nachgestellte Landsknechtsszenen und Kroatenlager.

Im Staatsverlies im Keller kann man einen Blick in die Folterkammer mit Foltergeräten wie dem „Storch", einem Klemmbalken zum Einspannen von Armen und Beinen, ein Halseisen und ein Rad zum Rädern werfen. Daneben sieht man drei dunkle und feuchte Originalverliese im Kellergeschoß.

Historiengewölbe, Herrengasse am Rathaus, 91541 Rothenburg o.d.Tauber, Tel 09 861 / 32 40.

1.3-31.1: täglich 10-16 h.

Erwachsene 2,50 €, Kinder 1,50 €.

86

Schloß Schillingsfürst: Bayerischer Jagdfalkenhof

Zu sehen sind im Hof des Schlosses alle mitteleuropäischen Greifvogelarten, vor allem auch Adler, Falken, Milane und Geier. Zweimal, im Sommer auch dreimal, finden Flugvorführungen statt. Im Schloß ist ferner das Hohenloher Barockmuseum mit sehenswerten Repräsentationsräumen, Stuckwerk, Deckengemälden und Möbeln zu besichtigen.

Toureninfos

Jagdfalkenhof Schloß Schillingsfürst, 91583 Schillingsfürst, Tel. 09868/6941 und Fax 7441.

Ende März-Ende Okt 9-18 h, Flugvorführungen um 11 h und 15 h, Mai-August auch 17 h.

Erwachsene 7,00 €, Kinder 4,00 €, Familien 20,00 €.

Am Schloß.

Bus 8086 Rothenburg o. d. T. - Schillingsfürst - Dombühl (DB) und 8835 (VGN 703) Ansbach - Schillingsfürst (selten).

Schloßgaststätte und weitere Gaststätten im Ort.

Freibad und Hallenbad in Rothenburg o.d.T.

87

Dinkelsbühl: Museum Dritte Dimension

In der alten Reichsstadt Dinkelsbühl findet sich sozusagen als Kontrast eines der modernsten Museen, das weltweit einzige Museum, das die Verfahren und Techniken zur optischen Konstruktion von Raumtiefe zeigt. Im Museum 3. Dimension in dem historischen Gebäude der Stadtmühle neben dem Nördlinger Tor finden sich Ausstellungen zu Erzeugnissen der Illusion von räumlicher Tiefe von der Stereoskopie bis zur Holographie und den modernen Geräten zur Erzeugung von 3-D-Phänomenen. Man findet die ausgeklügeltsten Geräte zur Produktion von optischen Täuschungen. Eine Spirale erzeugt scheinbar Runzeln auf der Haut, eine drehbare Tafel führt dazu, daß man schwarze Linien farbig sieht, oder gerade Linien sich wie ein

Wackelpudding auf und ab bewegen. Man sieht Stereokameras und Stereobilder, erlebt 3 D-Computerspiele, kann sich mit einer 20000 Volt-Plasmakugel elektrisieren, sieht allerlei Vexierbilder und stereoskopische Gemälde bekannter Künstler. In der Holographie-Abteilung erschreckt einen ein dreidimensionaler Vampir mit veränderbarem Antlitz. Die zahlreichen Geräte können von den Besuchern selbst in Gang gesetzt werden, die Kinder können mit vielerlei optischen Täuschungen spielen.

Toureninfos

Museum 3. Dimension, Stadtmühle am Nördlinger Tor, 91550 Dinkelsbühl, Tel. 09 851 / 63 36, Fax 28 82.

April-Okt: täglich 10-18 h, Nov-März: Sa, So 11-16 h, Weihnachtsferien täglich 11-16 h.

Erwachsene 8,00 €, Kinder 5,00 €, Jugendliche (ab 13) 6,00 €, Familien 24,00 €.

Parkplatz Stadtmühle 100 m entfernt.

Hallenbad, Freibad in Dinkelsbühl, Badeweiher in der Umgebung.

88

Bechhofen-Königshofen: Krummweiher

Die Gegend zwischen Feuchtwangen und Bechhofen ist reich an Weihern, zum großen Teil Karpfenteichen, an denen auch der neu eingerichtete „Karpfen-Radweg" vorbeiführt. Am Radweg liegt auch der „Krummweiher", der sich um ein halbinselförmig in den See ragendes Waldstück zieht. Am anderen Ufer findet sich eine Wiesenfläche, ein kleiner Badestrand, mit Kiosk, Umkleidehäusern und Duschen. Eine ruhige Badegelegenheit in landschaftlich schöner Umgebung.

Toureninfos

Gemeindeverwaltung, 91572 Bechhofen a.d. Heide, Tel. 09822/606-0.

Jederzeit zugänglich.

Am Gelände.

Bus 8802 Ansbach - Feuchtwangen (Halt: Königshofen) und 8834 Feuchtwangen - Bechhofen (Halt: Königshofen).

In Königshofen.

89

Solnhofen: Bürgermeister-Müller-Museum

Solnhofen ist die Wiege des Steindrucks (Lithographie), der mit Solnhofer Kalksteinplatten am besten gelingt und der im Jahre 1796 von Alois Senefelder unter Verwendung Solnhofer Steine erfunden wurde. In Solnhofer Steinbrüchen wurde auch die Versteinerung des ersten Urvogels (Archaeopteryx) gefunden, wodurch der Beweis angetreten werden konnte, daß die Vögel aus den Reptilien hervorgegangen sind.

Das Museum enthält wertvolle originale Versteinerungen, die beim Abbau der Solnhofer Plattenkalke gefunden worden sind. Herzstück ist das Original des hier gefundenen Archaeopteryx. Dazu kommen Saurier-Versteinerungen von Ichthyosauriern, von Land- und Flugsauriern und von Krebsen, Kopffüßlern und Stachelhäutern. Besonders reichhaltig ist die Welt der versteinerten Fische. Dazu kommen sehr seltene Versteinerungen von Meeres- und Landpflanzen.

Im Eingangsbereich werden überdies die Erdformationen gezeigt, im oberen Stockwerk ist ein Modellsteinbruch mit den benötigten Arbeitsgeräten aufgezeigt.

Im Ort Solnhofen stehen auch die Reste der Sola-Basilika aus dem 9. Jh., eine der ältesten deutschen Kirchen. Oberhalb der Straße im Altmühltal findet man bei Solnhofen die „Zwölf Apostel",sehr eindrucksvolle Felsen aus Dolomitgestein.

Toureninfos

i Bürgermeister-Müller-Museum, Bahnhofstr. 8,
91807 Solnhofen, Tel. 09 145 / 83 20 30, Fax 83 20 50.

April-Anfang Okt: tägl. 9-17 h.

Erwachsene 2,00 €, Kinder 1,00 €, zum Hobby-Steinbruch 7,00 €.

Vor dem Museum.

VGN-Direktanschluß ab Bahnhof Treuchtlingen (Linie R 63), an Sommerwochenenden auch Freizeitbus von Treuchtlingen.

Therme und Freibad in Treuchtlingen, Hallen- und Freibad in Eichstätt, Hahnenkammsee.

90

Pappenheim: Gräfliche Burg

Auf der Gräflichen Burg Pappenheim, mit 300 m Länge eine der größten bayerischen Burganlagen, haben die Besitzer eine Reihe von Museen eingerichtet. Besonders Interesse bei Kindern dürfte die Folterkammer finden, in der u.a ein Verhörstuhl, Daumenschrauben, Pranger, Hautabzieher und andere schreckliche Instrumente zu sehen sind, mit denen auch bei uns in früheren Zeiten die Kriminalgerichtsbarkeit „gearbeitet" hat. Ein Natur- und Jagdmuseum zeigt Präparate aller jagd- und fischbaren Tiere unserer breiten, ein historischer Kräutergarten mehr als 400 Arten, ein Botanischer Garten nochmals über 1000 Pflanzen. Im Burgmuseum finden sich Waffen und Kugeln aus der Geschichte der Burg, die um 1240 erbaut und später mehrmals erweitert wurde.

Toureninfos

Gräfliche Verwaltung Pappenheim, Neues Schloß, 91788 Pappenheim, Tel. 09 143 / 8 38 90, Fax 09 143 / 64 45.

Di-So 10-17 h.

3,00 €.

Parken am Gelände, unterhalb der Burg an der Stadtmauer.

DB-Linie 990 Treuchtlingen - München.

Restaurant in der Burg. Lokale in der Stadt Pappenheim.

Freibad Pappenheim, Altmühltherme Treuchtlingen, Hahnenkammsee.

91

Hahnenkammsee bei Heidenheim-Hechlingen

Der See ist 1300 m lang, 230 m breit und rund 23 ha groß. Er liegt beim Dorf Hechlingen am See, Ortsteil von Heidenheim, eingebettet zwischen den Wäldern des Hahnenkammgebietes, eines an den Ries grenzenden Ausläufer des Jura. Die Wälder und ein Baumbestand am Badestrand sorgen dafür, daß auch im Sommer ein schattiger Platz zu finden ist. Am Badeplatz ist Restaurantbetrieb, dort bestehen Badeanlagen mit Duschen und Umkleideräumen. Man kann sich Boote leihen, ein kleiner Kinderspielplatz sorgt für Abwechslung.

Ohne Beschwernis ist eine Radtour um den ganzen See zu machen. Hervorzuheben ist die Ruhe am See, der besonders unter der Woche Erholung bietet und für den Aufenthalt mit Kindern gut geeignet ist.

Der Hahnenkammsee ist auch Ausgangspunkt des „Geologischen Pfades" mit einer Länge von 6 km (Kurzroute) bis 22 km. Er führt an 18 Stationen vorbei, an denen anhand von Beispielen in der Natur die Geologie des Vorrieses und die Entstehung des Rieskraters erklärt werden.

Unterhalb einer Burgruine: der Bechthaler Weiher (Tour 93)

Toureninfos

Zweckverband Hahnenkammsee, 91719 Heidenheim-Hechlingen a. See. Tel. 09 833 / 790.

Jederzeit zugänglich, kein Eintritt.

Mehrere kostenfreie Parkplätze am See.

Direkt am See, Hechlingen und Heidenheim.

Bei den Römern in Weißenburg

Die Römer am Limes

Die Römer unter ihren Feldherren Drusus und Tiberius, den Stiefsöhnen des Kaisers Augustus, eroberten in den Jahren 15 n.Chr. und 16 n. Chr. das Land zwischen Alpen und Donau. Zur Zeit der Kaiser Trajan und Hadrian drangen sie dann auch über die Donau vor. An der Grenze ihres Reiches zogen sie einen Grenzwall, den „Limes", der sich von der Donau bis zum mittleren Rhein erstreckte.

An manchen Stellen war die Steinmauer bis zu drei Metern hoch. In regelmäßigen Abständen gab es Wachtürme, in den Kastellen im Hinterland waren römische Soldaten stationiert. Im Hinterland gab es auch Gutshöfe (villa rustica) für die Versorgung der Soldaten.

Um das Jahr 260 drangen die germanischen Alemannen in mehreren Feldzügen vor und vertrieben die Römer, die daraufhin den Limes an die Donau zurückverlegen mußten. Im 5. Jh. zogen sich die Römer endgültig aus dem Land nördlich der Alpen zurück. Die römische Zivilisation, die auch den Germanen Haus- und Straßenbau, Obst- und Weinbau gelehrt hatte, erlosch.

Bis ins 18. Jh. konnte man die Wälle sehen, auf denen der Limes aufgeschichtet wurde. Im Volk wurde die Mauer, deren Herkunft nicht mehr bekannt war, auch „Teufelsmauer" genannt. Dann nutzten die Einheimischen die Steine zum Bau ihrer Häuser und Wege, so daß heute kaum noch etwas von den Mauern zu sehen ist. Besonders in der Gegend um Weißenburg fand man eine Reihe von römischen Anlagen, Überreste des Limes mit Wachtürmen, römische Kastelle, Römerlager und römische Bäder.

Stadt Weißenburg, Verkehrsamt, Marktpl. 19, 91781 Weißenburg, Tel. 09141/907-124.

Bahnhof Weißenburg der Linie Treuchtlingen - Nürnberg.

Limesbad (Freibad) und Hallenbad in Weißenburg.

Römerkastell Biricianum

In Weißenburg selbst stand das Kastell Biricianum, ein Römerlager von annähernd quadratischem Grundriß, das Mitte des 2. Jahrhunderts n.Chr. errichtet wurde und ein 500 Mann starkes Regiment beherbergte. Gut ist der weiträumige Grundriß zu erkennen. Die Ausgrabungen begannen 1899, bald konnte die steinerne Umwehrung konserviert werden. Das nördliche Lagertor und ein Teil der Nordmauer wurden 1989/90 rekonstruiert und sind zur Besichtigung frei zugänglich. Die bei den Ausgrabungen gemachten Funde sind größtenteils im Weißenburger Römermuseum zu besichtigen.

Jederzeit frei zugänglich.

Parkplatz in 100 m Entfernung vorhanden.

300 m vom Bahnhof.

Römische Thermen

Zu einer römischen Siedlung gehörten ausgedehnte Badeanlagen, die mit warmen Wasser betrieben wurden, sogenannte Thermen. In ihnen traf man sich zu Erholung, Sport und Spiel, gemeinsamen Essen, aber auch zu Beratungen und zum Informationsaustausch.

Die in Weißenburg 1977 entdeckten und ausgegrabenen Römerthermen liegen unweit des Kastells Biricianum und stellen eine der größten und am besten erhaltenen römischen Thermenanlagen in Deutschland dar. Zum Schutz vor Witterungseinflüssen hat man die Ausgrabungen überdacht. Deutlich lassen sich die einzelnen Abteilungen der Bäder, Warmbad, Laubad, Kaltbad, Umkleide-, Ruhe- und Gymnastikräume wie auch das Heizungssystem erkennen. Eine Badegrotte hat man rekonstruiert. Tafeln helfen dabei, die einzelnen Teile zu identifizieren, außerdem kann man an Führungen teilnehmen.

März/April-Nov: täglich 10-12.30 h.

Erwachsene 1,50 €, Kinder 1,00 €, Familien 3,00 €.

Parkplatz für Kastell und Thermen vorhanden.

Römermuseum

Das Römermuseum enthält Objekte, die vor allem bei den Ausgrabungen in Weißenburg, jedoch auch an anderen Römerausgrabungen in dieser Gegend am Limes gefunden wurden. Man sieht ein Pferdegrab, das Modell eines römischen Gutshofes, wie mehrere ausgegraben wurden, eines römischen Reisewagens, eine ausführliche Münzsammlung. Nicht zuletzt findet sich dort im zweiten Stock eine reichhaltige Sammlung von Götterfiguren, Votivgaben, Schmuck, der sogenannte „Weißenburger Schatzfund" von 1979, der Anlaß für die Gründung des Museums gab. Bei dem um das Jahr 250 n. Chr. angesichts drohender Gefahren vergrabenen Schatz handelte es sich höchstwahrscheinlich um das Inventar eines römischen Heiligtums. Außerdem sind zahlreiche Gebrauchsgegenstände, Grenzsteine, Grabsteine, Werkzeuge ausgestellt. Neben den Funden aus der Römerzeit sind auch frühgeschichtliche Funde aus der Steinzeit und Objekte aus dem frühen Mittelalter zu sehen.

Römermuseum, Martin-Luther-Platz 3, Tel. 09 141 / 90 71 24.

März-Dez: Di-So 10h-12.30 h u. 14h -17 h.

Erwachsene 2,00 €, Kinder 1,50 €, in Kombination mit den Römer-Thermen 3,00 €, Kinder 2,00 €.

P Im Stadtzentrum in der Nähe der Stadtkirche gelegen. Kurzparkplätze in der Nähe, größere Parkplätze außerhalb der Stadtmauer an der Umgehungsstraße und an der Wallgrabenanlage.

Reste römischer Siedlungen in der Umgebung Weißenburgs

Burgsalach: Kleinkastell (burgus), rekonstruierter Wachturm am Limes: Südlich des Ortes Burgsalach, 10 km von Weißenburg entfernt, kommt man zum Limes. Dort am Waldrand hat man einen hölzernen Wachturm nachgebaut. Etwa 500 m südwestlich führt ein ausgeschilderter Weg am Waldrand entlang zu einem kleinen Wäldchen, in dem der „burgus" verborgen ist, ein kleines römisches Kastell, das an nordafrikanische Vorbilder erinnert und sonst im germanischen Gebiet nicht vorkommt. Die Fundstellen sind mit dem Wanderwegen „Auf den Spuren der Römer" verbunden, der auf 5 km bzw. 9 km 7 Stationen umfaßt.

Nachgebaut: Römerkastell Pfünz bei Eichstätt

Pfünz: Römerkastell

Das auf dem Kirchberg oberhalb von Pfünz, 7 km östlich von Eichstätt, gelegene römische Kastell „Vetoniana“ ist eines der größten erhaltenen. In diesem um das Jahr 90 n. Chr. erbauten Kastell war eine berittene Kohorte mit 500 Mann stationiert. Sie sollte den Brückenübergang über die Altmühl sichern. Im Jahre 233 wurde das Lager von den germanischen Alemannen erobert, die Römer mußten sich zurückziehen. - Einige Teile des Kastells, das Nordtor und einen Eckturm, hat man getreu rekonstruiert und durch eine Mauer verbunden. Durch ein vergittertes Fenster kann man einen Blick in eine Wachstube der römischen Soldaten mit einer nachgestellten Szene werfen. Die Funde aus dem Lager sind im Eichstätter Museum zu besichtigen. - Das Nordtor ist Ausgangspunkt eines 800 m langen Römer-Lehrpfades, der durch das Lager und Lagerdorf führt. Auf mehreren Tafeln wird an 9 Stationen die Geschichte erzählt und die Anlage erklärt.

Ellingen: Kastell Sablonetum
Oberhalb der Deutschordensstadt Ellingen, 5 km nördlich von Weißenburg, liegen nahe der Straße nach Höttingen die Überreste eines kleinen Kastells, das man teilrekonstruiert hat.

Titting-Erkertshofen: Römerturm
Beim kleinen Ort Erkertshofen hat man an der Stelle eines ehemaligen römischen Wachturms einen solchen aus Holz rekonstruiert, der über eine Leiter, die in den ersten Stock führt, begehbar ist.

Theilenhofen: Römerbad und Kastell
Bei Theilenhofen südlich des Kleinen Brombachsees sind gut erhaltene Reste einer römischen Badeanlage sowie der Grundriß eines Kastells zu finden.

93

Raitenbuch: Ruine Bechthal, Bechthaler Weiher

Der Bechthaler Weiher ist mit 1,2 ha Wasserfläche ein kleiner Badesee, der im reizvollen Anlautertal mit seinen Wacholderhängen gelegen ist. Direkt oberhalb des Sees liegt die Ruine Bechthal, die vom See aus in 5 Minuten zu Fuß erreichbar ist. Eine Liegewiese und ein kleiner Spielplatz sind vorhanden. Erreichbar ist der See auch über einen ruhigen Fahrradweg im Anlautertal von Nennslingen oder Titting ferner von Raitenbuch aus. Etwa 5 km entfernt finden sich die Ausgrabungen des Römerlagers von Burgsalach.

Toureninfos

Gemeinde Raitenbuch, Nennslinger Str. 1, 91790 Raitenbuch, Tel. 09147/1261.

Jederzeit frei zugänglich.

Am Straßenrand in Weihernähe Parkmögl. für wenige PKW.

Bus 8833 Weißenburg - Nennslingen. Haltestelle Bechthal.

Gasthäuser in Bechthal, Gersdorf, Nennslingen, Raitenbuch.

94

Sommerrodelbahn Pleinfeld

Kinder ab 8 Jahren können in Einer- oder Zweier-Schlitten auf der Fahrtrinne in die Tiefe sausen. 11 Steilkurven sind auf der 550 m langen Strecke zu bewältigen, die einen Höhenunterschied von 65 m aufweist. Mit einem Schlepplift wird man im Schlitten nach oben gezogen. Die Geschwindigkeit läßt sich mit einer Bremse selbst regulieren. Natürlich muß man darauf achten, daß man bei größerem Betrieb nicht zu nahe auf den Vordermann auffährt. Eine Wild-Schauanlage grenzt an.

Toureninfos

Fa. Sommerrodelbahn Pleinfeld, 91785 Pleinfeld,
Tel. 09 144 / 63 00 und 09 141 / 97 860.

April-Ende Okt: Mo-Fr ab 13 h, Sa, So, Ferien ab 10 h.

Eine Fahrt : Erwachsene 2,30 €, Kinder 1,80 €. 6er-Karten 11,00 € bzw. 9,00 € für Kinder.

Am Gelände.

Bahnhof Pleinfeld der Linie Treuchtlingen-Nürnberg, 3 km entfernt.

Biergarten am Gelände.

Hallenbad, Freibad in Pleinfeld, Brombachsee.

Kleiner und Großer Brombachsee Igelsbachsee

Die drei Seen bilden das Mittelstück des „Neuen Fränkischen Seenlandes", dessen östlichen Teil der Rothsee, den westlichen Teil der Altmühlsee bilden. Sie wurden aus wasserwirtschaftlichen Gründen geschaffen, um vom wasserreichen Donau-Altmühl-Gebiet bei Bedarf Wasser ins trockenere Rezat- Regnitz-Main-Gebiet zu schaffen, ferner als Wasserspeicher für die Umgebung. Alle Seen sind miteinander durch künstliche Zuleiter verbunden.

Der Kleine Brombachsee weist eine Wasserfläche von 2,5 qkm auf, die Länge beträgt 2,2 km, die Breite bis 1,25 km. Die höchste Tiefe beträgt 13 Meter. Er wurde mit Kosten von 70 Millionen Mark errichtet. Die Badehalbinsel Absberg und das Freizeitzentrum in Langlau bieten bewachte Strände, Liegewiesen, Sportplätze, Spielplätze und Versorgungseinrichtungen. Auch Bootsverleihe (Tretboote und Ruderboote) und Fahrradverleihe sowie mehrere Gaststätten sind vorhanden. Der Radweg um den Kleinen Brombachsee ist 8, 5 km lang, kann jedoch mit dem Radweg um die Südseite des Großen Brombachsees und einen Ausflug in die oberhalb des Großen Brombachsees gelegenen Dörfer verbunden werden.

Der Igelsbachsee ist der kleinste See des „Neuen Fränkischen Seelandes" mit einer Wasserfläche von 0,9 qkm, einer Länge von 2, 8 km und einer Breite bis 400 m. Der Radweg um den See beträgt 11 km. Bei Enderndorf stößt er mit dem Großen Brombachsee zusammen.

Der Große Brombachsee wird nach Fertigstellung bei einer Länge von 5,5 km und einer Breite bis 2 km rund 9 qkm groß sein. Die Tiefe beträgt bis zu 37 m. Bei Altmannsdorf ist ein Erholungszentrum mit Restaurant, Spielplatz, Fahrradverleih eingerichtet. Auch von Ramsberg aus ist ein Zugang zum See geplant. Der Radweg um den See, der an der Nordseite erst fertiggestellt wird, ist 17 km lang. Er führt an der Südseite durch ein schönes schattiges Waldgebiet und hat einen Anschluß nach Pleinfeld mit Bahnstation.

Die Burg über Pappenheim birgt mehrere Museen (Tour 90)

Toureninfos

Zweckverband Brombachsee, 91875 Ramsberg,
Tel. 09 144 / 571.

Seen jederzeit frei zugänglich.

Altmannsdorf, Enderndorf, Absberg, Langlau, Ramsberg, Pleinfeld.

Bahnhof Pleinfeld der Bahnlinie Nürnberg - Treuchtlingen, 3 km von Altmannsdorf und Ramsberg.

Absberg, Enderndorf, Altmannsdorf, Langlau, Ramsberg, Großweingarten, Spalt, Pleinfeld, Stirn, Thannhausen, Pfofeld.

Badeinsel Absberg, Langlau, Enderndorf, Altmannsdorf (im Bau). Hallenbäder in Pleinfeld, Weißenburg.

Gunzenhausen, Muhr am See: Am Altmühlsee

Der Altmühlsee ist der westlichste See des „Neuen Fränkischen Seelandes“, des größten wasserbaulichen Projekts in Deutschland. Der See hat eine Fläche von 450 ha und eine Wassertiefe bis 2,50 m. Die Länge beträgt 4 km, die Breite bis 1,7 km. Es ist ein künstlicher See, der sowohl aus wasserwirtschaftlichen Gründen wie als Freizeitsee zum Baden und Bootfahren angelegt wurde. An mehreren Stellen gibt es Liegewiesen, Kinderspielplätze, Bootshafen und Bootsvermietung. An diesen „Seezentren“ finden sich auch Fahrradverleihe. Um den See führt ein durchgängiger Fahrradweg.

Die Radtour führt am östlichen Ufer auf einem befestigten Dammweg, am westlichen Ufer zum Teil auf schotterigem Weg unmittelbar am See entlang. Man fährt vorbei an den Seezentren Gunzenhausen-Schlungenhof, Muhr am See und Wald sowie am Vogelschutzgebiet bei Muhr am See, wo sich eine Fahrtunterbrechung lohnt. Leider befinden sich am See kaum schattenspendende Bäume, so daß der Weg nicht unbedingt zur Zeit größter Hitze zu empfehlen ist. Nähere Informationen vermittelt die Übersichtskarte„Radwandern. Das Neue Fränkische Seenland“ mit vielen Tourenvorschlägen und aus dem Stöppel-Verlag der „Radwanderführer Altmühltal“.

Eine auch für Kinder interessante Möglichkeit ist es, auf dem Altmühlsee mit dem Schiff zu fahren. Sechsmal täglich fährt im Sommer das Schiff vom Seezentrum zu Seezentrum um den See.

Die Vogelinsel bei Muhr am See ist sicherlich der schönste Bereich am Altmühlsee. Über zahlreiche Brücken und Stege kommt man innerhalb der Halbinsel zu kleineren Inselchen und Halbinselchen, zu kleinen Seeabschnitten und einem Beobachtungsturm. Überall kann man Seevögel im Wasser oder in der Luft beobachten, es rufen Kuckucke und es herrscht eine Ruhe abseits vom Badebetrieb. Die Vogelinsel ist nur für Fußgänger zugänglich. Für Kinder gibt es eigene naturkundliche Führungen. Auskunft erteilt die Gemeinde Muhr am See.

Wem der Altmühlsee bei großer Hitze zu wenig Schatten bietet, kann zum Baden das herrlich gelegene „Waldbad am Limes“ in Gunzenhausen mit großen Rutschen und Wasserspielgeräten aufsuchen.

Toureninfos

Zweckverband Altmühlsee. Marktplatz 25, 91710 Gunzenhausen, Tel. 09 381 / 50 81 91 u. 50 81 92, Gemeinde Muhr am See, Tel. 09 381 / 61 95 60, Fax 09 381 / 61 95 630; Naturschutzzentrum Altmühlsee in 91735 Muhr am See, Tel. 09 381 / 48 20.

Unbeschränkt.

Fahrpreise des Schiffes: Erwachsene 1,50 €, Kinder 1,00 € von einer Station zur nächsten. Erwachsene 4,50 €, Kinder 2,00 € um den ganzen See.

Seezentrum Muhr am See, Seezentrum Gunzenhausen-Schlungenhof, Seezentrum Gunzenhausen-Wald, kleiner Parkplatz Altmühlsee-Südufer an der Umgehungsstraße.

DB-Linie, Bahnhof Gunzenhausen, ca. 2 km entfernt.

In Gaststätten und Kiosken an den Seezentren.

97

Neuendettelsau: Freizeitbad „Novamare“

Das kombinierte Hallen- und Freibad mit einem Wasserkanal als Verbindung besitzt eine Riesenrutsche, Whirlpool, Solebecken, Wildbach, Wasserfall, Römisches Dampfbad, Warmluftgrotte, Kinderbecken, natürlich Innen- und Außenbecken. Sowohl als Freibad mit Liegewiesen wie auch im Winter als Hallenbad zu benutzen.

Toureninfos

Freizeitbad Neuendettelsau, Novamare, Tel. 09 874 / 50 235.

Ganzj. außer Sept, Mo-Fr 15-22 h, Ferien: ab 13 h,
So, Fei: 10.30-18 h.

Tageskarte: Erwachsene 6,50 €, Kinder 3,30 €,
kürzere Badezeiten ermäßigt.

Am Bad.

DB-Linie 922 Wicklesgereuth - Windsbach, mehrere Buslinien.

Mehrere Gaststätten im Ort, Gaststätte am Bad.

98

Flachslanden-Kettenhöfstetten: Sonnensee

Ein etwa 10 km nördlich von Ansbach schön im Wald gelegener Badesee mit Zeltplatz und Bootsanleger. Es besteht Möglichkeit zum Schwimmen, Bootfahren und Radfahren, ein Weg führt ganz um den See. Der See ist mit dem Fahrrad von Ansbach aus zu erreichen.

Toureninfos

Gemeindeverw. 91604 Flachslanden, Tel. 09 829 / 91 11-0.

Frei zugänglich.

Am See.

Bus 8801 Ansbach - Rügland, Halt: Gödersklingen (2 km).

Am Zeltplatz, im Ort.

Auf einem Spaziergang durch das romantische Rothenburg gibt es viel zu entdecken (Tour 85)

99

Hilpoltstein: Rothsee

Der Rothsee ist der östlichste See des „Neuen Fränkischen Seenlandes". Er hat eine Wasserfläche von 50 ha und eine Tiefe von 8,50 Metern. Die Uferlänge beträgt 5, 2 km. Er ist an vier Stellen zugänglich (Seezentrum Heuberg bei Haimpfarrich, Kronmühle, Erholungszentrum Birkach, Erholungszentrum Grashof). Dort finden sich Parkplätze, Badeanlagen und Gaststätten, Am Seezentrum Heuberg gibt es auch einen Bootsverleih sowie einen Segelhafen.

Am schönsten ist die Anlage wohl in Birkach, wo eine Badewiese mit den nötigen Anlagen geschaffen wurden und sich an den Badebereich eine ruhiges Naturschutzgebiet anschließt. Ein Erlebnis ist es auch, den See mit dem Fahrrad oder auch - als guter Wanderer - zu Fuß zu umrunden, wobei an der Südseite der Weg im schattigen Wald verläuft.

Radtouren und Touren in der Umgebung werden im Radwanderführer des Stöppel-Verlags „Nürnberg und Umgebung" beschrieben.

Toureninfos

Landratsamt Roth, Kultur u. Fremdenverkehr, Weinbergweg 1, 91152 Roth, Tel. 09 171 / 81 329 und Zweckverband Rothsee, Tel. 09 171 /81 310, Haus des Gastes Hilpoltstein, Tel. 09 141/ 90 42.

Frei zugänglich.

Kostenpflichtige Parkplätze an den Seezentren.

DB-Linie 911 Roth - Hilpoltstein. Bf. Eckersmühlen, Hilpoltstein.

Gaststätten in den Seezentren, in Hilpoltstein, Birkach, Heuberg, Haimpfarrich, Polsdorf, Allersberg.

100

Roth-Eckersmühlen: Eisenhammer

Zu besichtigen ist ein originaler Eisenhammer, der bis in die 50er Jahre in Betrieb war. In der Hammerschmiede wurden mittels großer Maschinen, die alle noch an ihrem ursprünglichen Platz stehen, Geräte aus Eisen wie Schaufeln, Hämmer, Nägel geschmiedet. Ein Video zeigt den ehemaligen Besitzer Schäff, wie er eine Schaufel schmiedet. Es werden auch heute noch Schmiedevorführungen gezeigt.

Toureninfos

Historischer Eisenhammer 91154 Roth-Eckersmühlen,
Tel. 09 174 / 47 84.

1.4-31.10 Mi-So 13-17 h.

Erwachsene 1,02 € , Kinder 0,51 €, Führungen 10,23 €.

100 m oberhalb des Geländes.

Bahnhof Eckersmühlen der „Gredl-Bahn" (DB-Linie 111 Roth-Hilpoltstein, 1 km entfernt.

In Eckersmühlen.

Rothsee, Badesee Wallesau.

Weitere Freizeitmöglichkeiten für Kinder

Nürnberg, Nürnberger Land, Erlangen
90439 Nürnberg: Kindermuseum im Kachelbau.
90443 Nürnberg: Verkehrsmuseum
90403 Nürnberg: Burg
91054 Erlangen: Jugendfarm
90537 Feucht: Radweg am Ludwigskanal Nürnberg - Neumarkt
90513 Zirndorf: Playmobil-Park
91074 Herzogenaurach: Freizeitbad

Fränkische Schweiz, Bamberg
91344 Waischenfeld: Burg Rabeneck
91278 Pottenstein: Burg
96047 Bamberg: Naturkundemuseum
96158 Frensdorf: Bauernmuseum
91217 Hersbruck: Deutsches Hirtenmuseum

Coburger Land, Obermain
96199 Zapfendorf: Freizeitbad Aquarena
96450 Coburg: Veste Coburg
96224 Burgkunstadt: Deutsches Schustermuseum
96231 Bad Staffelstein: Freizeitbad AquaRiese

Fichtelgebirge
95497 Goldkronach: Goldbergwerk Schmutzlerzeche
95632 Wunsiedel: Winterrodelbahn Luisenburg
95239 Zell-Kleinlosnitz: Bauernhofmuseum
95686 Fichtelberg: Automobilmuseum
95659 Arzberg-Bergnersreuth: Gerätemuseum
95691 Hohenberg/Eger: Deutsches Porzellanmuseum

Kulmbacher Land, Frankenwald, Bayerisches Vogtland
95032 Hof: Untreusee
95152 Selbitz: Modelleisenbahnmuseum
95367 Trebgast-Ködnitz: Schulmuseum
95367 Trebgast: Badesee
95028 Hof: Museum Bayerisches Vogtland
95346 Wallenfels: Floßfahren
95364 Marktrodach-Unterrodach: Flößermuseum